大学击剑

（花剑篇）

张　洋　编著

北京航空航天大学出版社

内 容 简 介

本教材系统地研究了击剑运动的理论与实践，全面而深入地介绍了击剑运动的历史渊源、花剑的技术与战术特点、花剑教学和体能训练、击剑场地和装备以及击剑竞赛的相关规则。本教材不仅是一本技术手册，更是一部关于击剑文化和技术的著作，无论是初学者还是资深爱好者，都能从中获得丰富的知识与启发。教材中结合了理论阐述与实践指导，为击剑运动的教学、训练与竞赛提供了全方位的支持，是一本为高校教师、教练员、击剑学习者及研究人员提供理论深度和实践指导的专业读本。

图书在版编目(CIP)数据

大学击剑. 花剑篇 / 张洋编著. -- 北京 ：北京航空航天大学出版社，2025. 5.

ISBN 978 - 7 - 5124 - 4571 - 0

Ⅰ. G885

中国国家版本馆 CIP 数据核字第 202586BV89 号

大学击剑(花剑篇)

张 洋 编著

策划编辑 刘 扬 责任编辑 刘 扬 周美佳

*

北京航空航天大学出版社出版发行

北京市海淀区学院路 37 号(邮编 100191) http://www.buaapress.com.cn

发行部电话:(010)82317024 传真:(010)82328026

读者信箱：qdpress@buaacm.com 邮购电话:(010)82316936

三河市华骏印务包装有限公司印装 各地书店经销

*

开本:710×1 000 1/16 印张:11.5 字数:245 千字

2025 年 5 月第 1 版 2025 年 5 月第 1 次印刷

ISBN 978 - 7 - 5124 - 4571 - 0 定价:49.00 元

前　　言

　　当代中国正处于体育强国建设的关键时期,全民健身已上升为国家战略。随着社会经济持续发展和人民生活水平不断提高,特别是年轻人在闲暇时间追求更加丰富多彩、健康向上的生活方式,体育运动已成为满足人民美好生活需要的重要组成部分。在这一时代背景下,击剑运动这项历史悠久、文化底蕴深厚、兼具竞技性与艺术性的体育项目,正受到越来越多人的青睐,尤其是青年大学生。

　　击剑运动在我国的发展历程可谓是一部"从无到有、从弱到强"的奋斗史。自 20 世纪 40 年代引入我国以来,击剑运动经历了漫长的积累期。改革开放后,特别是进入 21 世纪以来,随着我国运动员在国际赛场上屡创佳绩,击剑运动的知名度和社会影响力显著提升。在 1984 年洛杉矶奥运会上栾菊杰获得女子花剑冠军,成为中国乃至亚洲第一位奥运会击剑冠军;2008 年北京奥运会,仲满夺得男子佩剑金牌;2012 年伦敦奥运会,中国女子重剑队获得团体冠军,这些辉煌成就极大地激发了国人对击剑运动的兴趣和热情。

　　当代年轻人追求的不再是单一的体育技能提升,而是希望通过体育运动获得全面的身心发展。击剑运动恰恰能够满足这一需求——它不仅是一项竞技运动,更是一门融合历史、文化、礼仪与精神的综合艺术。在快节奏的现代生活中,击剑为参与者提供了一个既能锻炼身体,又能培养气质,同时可以感受西方传统文化魅力的独特平台。随着"双减"政策的实施、"三走"(走下网络、走出宿舍、走向操场)活动的开展以及教育观念的转变,越来越多的青少年开始将击剑作为课余活动的选择,击剑俱乐部如雨后春笋般在全国各地涌现,形成了蔚为壮观的"青少年击剑热"现象。

　　目前市面上的击剑教材大多沿袭传统体育教材的编写思路,主要针对专业运动员的培养,内容侧重于技术动作的分解、战术套路的训练以及比赛规则的解读。这类教材固然有其专业价值,但对于广大击剑爱好者和初学者而言,往往显得过于专业艰深,缺乏对击剑文化内涵和精神价值的深入挖掘,难以满足大众对击剑运动全面了解的需求。

　　本教材的编写正是基于对这一现状的深刻反思。笔者认为,击剑教学不应仅限于技术层面的传授,更应包含对击剑历史文化的传承和精神内涵的弘扬。一本优秀的击剑教材,应当如同时光机器,带领读者穿越回中世纪的欧洲,感受骑士精神的崇高;又如同一面镜子,让习剑者在攻防之间照见自己的内心世界;更像一座桥梁,连接东西方体育文化的精髓。

因此，本教材在编写过程中力求突破传统教材的局限，秉持"技艺与文化并重，竞技与修养同行"的理念，不仅详细讲解花剑的技术要领和战术策略，更系统地介绍击剑运动的发展历史、文化背景、礼仪规范和体育精神，希望通过这种方式，帮助读者全面把握击剑运动的精髓，真正领会"以剑修身，以剑明德"的深刻内涵。

特别值得一提的是，本教材针对中国学习者的特点，在技术教学部分采用了循序渐进、中西结合的呈现方式。我们既尊重击剑运动的传统教学方法，又结合了中国武术"由形入神"的训练理念，创造性地设计了适合中国学生认知习惯的学习路径。同时，教材中还穿插了大量中国击剑运动员的成长故事和比赛案例，增强了内容的亲切感和说服力。

在当前青少年击剑热潮方兴未艾的背景下，展望大学击剑的未来发展，我们既充满信心，也清醒地认识到面临的挑战。随着"健康中国"战略的深入实施和素质教育理念的普及，击剑运动必将迎来更加广阔的发展空间。然而，如何避免"昙花一现"的热度消退，实现可持续发展，是摆在所有击剑从业者面前的重要课题。

我们认为，未来大学击剑的发展应当着重关注以下几个方向：

首先，普及与提高并重。在扩大学生参与基数的同时，要建立科学的人才选拔和培养体系，为有潜质的大学生提供上升通道。可以通过构建"学校俱乐部课—击剑社团—击剑校队"的三级网络，实现普及与提高的有机衔接。

其次，标准化与特色化结合。一方面要严格执行国际剑联的技术标准，确保教学训练的规范性；另一方面要鼓励各地根据实际情况创新发展模式，形成特色鲜明的大众击剑文化。例如，可以将击剑与大学校园文化、社区生活相结合，开发适应不同人群需求的击剑活动形式。

再次，科技赋能传统。充分利用现代科技手段提升教学效果，如通过视频分析、可穿戴设备、虚拟现实技术等，使击剑训练更加科学高效。同时要坚守击剑运动的精神内核，防止技术异化导致的文化内涵流失。

最后，体教融合深化。推动击剑运动进一步融入学校教育体系，开发适合不同学段的击剑课程，培养"文武双修"的新时代青年。可以探索击剑特长生的升学通道，为青少年提供多元化的发展选择。

作为本教材的编写者，我衷心希望这本书不仅能帮助读者掌握花剑的技术要领，更能引导大家领悟击剑运动蕴含的深刻哲理——那是一种关于勇气与智慧、进取与克制、个体与对手的永恒思考。愿每一位读者都能在击剑练习中收获强健的体魄、敏捷的思维和高尚的品格，这也正是我编写此书的初衷所在。

让我们共同期待，在不久的将来，击剑运动能够真正走入寻常百姓家，成为满足人民美好生活需要的优质体育项目，为体育强国建设注入新的活力！

张 洋

2025 年 2 月

目　　录

第一章　击剑运动概述

国际上有两大著名短兵类对抗性项目,击剑就是其中一项。击剑是一项历史悠久的体育运动,起源于古代剑术决斗,曾作为贵族和剑客之间的决斗形式。这项运动结合了优雅的动作和灵活的战术,要求习练者注意力高度集中并具备良好的身体协调能力。

第一节　什么是击剑

1896 年在雅典举行的第一届现代奥运会上,击剑就被列为竞技运动项目。现代击剑引入了完善的保护装备,并采用钝剑尖以减少危险性。击剑分为重剑、花剑和佩剑 3 种类型,并已成为奥运会正式比赛项目。那么,什么是击剑? 或者说,击剑包含哪些主要内容?

1996 年全国体育院校通用教材中对击剑是这样介绍的:"击剑是一对一的以持剑击中对方身体有效部位得分,同时要防止被对方击中的攻防格斗项目。比赛中运动员的各种攻防行为主要由手上用剑动作、脚步移动与身体姿势互相配合来实现。"[1]击剑作为一项直接对抗式的运动项目,其攻防动作主要包含身体运动与对剑的控制两大部分,若想要击中对方身体获得有效分数,就需要综合运用身体与剑,实现两者的配合。参与并修习击剑运动,正是通过身心与剑的配合来实现人的发展。

第二节　国际击剑运动发展史

击剑是一项起源于欧洲的传统体育项目,蕴含着丰富的动作招式。"工欲善其事,必先利其器。"在掌握相应的动作之前,熟悉击剑运动的发展历程、历史沿革、文化内涵,有助于习练者内外兼修,通过外在于行的技艺学习而逐渐培养出内化于心的文化修养。

---

① 国家体委击剑编写组.击剑[M].北京:人民体育出版社,1996:1-2.

一、古代时期击剑（公元前 11 世纪）

　　击剑运动的起源要从击剑中使用的器械剑谈起。根据史料记载,古代世界各民族在剑的发明和使用上有相似之处。剑最早是人类为了同野兽搏斗、猎取食物所使用的工具,由于氏族部落之间、国家之间要争夺资源,剑逐渐发展为作战的兵器。随着冶炼技术的出现和成熟,剑也从石制、骨制发展到青铜制、铁制,最后到钢制①。在古代,击剑是军队中训练士兵的重要手段,由于战争装备的发展和作战中穿刺攻击的需要,古代击剑得到普及,击剑技术也有所提高②。

　　击剑在古代的中国、希腊、罗马、阿拉伯、埃及等国家已十分盛行。在中国,击剑的历史十分悠久,早在青铜时代,人们便开始使用铜铸剑,剑逐渐成为征战和杀戮的武器③。希腊的圣经中曾经提到过击剑,并且指出有 32 种不同的简单使用原则。公元前 11 世纪,古希腊就有击剑课,并有剑师讲课。在希腊、埃及等国家的一些历史建筑物和纪念碑上,刻有关于击剑的浮雕塑像。公元前 1190 年前后,埃及国王拉美斯三世时期,在埃及北部卢苏尔附近马迪纳特·哈布神殿的一座建筑上,有描述当时击剑情景的雕刻:两个人各自一手执剑,剑尖用东西包扎着,另一侧手臂上系一个小盾牌,两个人脸上戴着面具,耳朵上垫着东西,上衣穿得比较宽大,脖子上也戴着宽厚的护颈,在两个人旁边有一些着装整齐的人,像是官方人员或是裁判员,四周有很多观众。浮雕上刻着一段铭文,像是一位击剑手在炫耀说:"请准备赞美我英勇而无敌的技艺吧!"公元前 10 世纪前后,希腊著名诗人荷马在其所著史诗《伊利亚特》与《奥德赛》中曾有描述当时击剑情况的诗句,如"着盔甲,持利剑,一对一,公众面前比武艺。刺穿对手高贵身躯不迟疑。穿透甲胄入肌肤,鲜血迸溅获胜利"等④。

　　古代武器的构造既长又大,十分笨重,军队作战时,士兵头戴金属制的头盔,身穿厚厚的铠甲。士兵用剑时,技术上以力量为主,甚至是用双手来握剑,大多是砍头动作,防守时则采用下蹲和低头的方式,或者向左右移动闪躲,有时加用角力手段。公元前 200 年盛行角斗士比武,这是当时最受上层人士欢迎的一种"娱乐",但是,就比武的结果而言,轻者受伤,重者死亡,参加比武的都是统治阶级所豢养的一些角斗士,这种比武形式在历史上就被称为击剑。

　　在古代,剑不仅是重要的作战武器,同时也是神圣、权力和身份的象征。击剑在东西方都是一项高尚的运动,这项运动体现了勇敢、尊严和品节。在文学作品中,剑常常被赋予灵性,成为表达诗人情感和志向的象征,如唐代贾岛所作《剑客》一诗:"十年磨一剑,霜刃未曾试。今日把示君,谁有不平事?"宋代辛弃疾的《破阵子·为陈同

---

① 车通,司文召.剑的材质演变研究[J].武术研究,2021,6(9):63-65.
② 郭瑜华.中国古代的击剑运动[J].艺术品鉴,2021(25):48-49.
③ 刘鹏.吴越地区青铜剑史话[J].内蒙古农业大学学报(社会科学版),2012,14(1):315-316.
④ 严波涛.全运会运动项目文化研究[M].西安:陕西人民出版社,2021:172.

甫赋壮词以寄之》中则有"醉里挑灯看剑，梦回吹角连营"的句子。

二、中世纪击剑（约 5—14 世纪）

击剑在中世纪的欧洲经历了显著的发展，主要是击剑与骑士阶层有了联系。西班牙、法国和意大利等国出现了骑士阶层，他们以精湛的剑术纵横天下，博得了广泛的美誉。这一时期，击剑与骑马、游泳、打猎、下棋、吟诗、投枪并称为骑士的 7 种高尚运动。由此可见，击剑不仅被视为战争中的重要武器，还逐渐演变为一种骑士运动和文化象征。击剑不仅是骑士必须掌握的重要技能，还反映了当时社会的审美和价值观。

击剑运动在同时期的中国也有诸多演变，主要表现是剑的军事功能退化、形制发生改变。14 世纪末期，中国发明了火药并促进了枪炮的诞生，并且在宋朝时期制造出了管形射击武器，明朝建立之初在火器方面更是居于世界先进水平。热兵器技术的提升使得冷兵器逐渐退出历史舞台，因而，击剑在军事应用上逐渐失去了重要作用，开始沿着健身和表演的方向发展。剑的形制也变得越来越轻巧和便于操练控制，击剑以决斗和健身的形式被保留了下来。

为了研究和推动击剑技术的发展，欧洲各国纷纷成立击剑行会（协会、学校）。这些行会不仅提供教练，还成为娱乐中心和最开始的公立体育课堂，其目的是发展击剑艺术。最早的著名行会之一是马克思布律和洛温欠格的斯特·马尔库斯协会，其总部设在法兰克福，1480 年，该协会在纽伦堡得到罗马帝国皇帝所授予的特许权。这些行会对击剑运动的发展起了一定的作用。此外，击剑不仅用于解决贵族之间的纠纷，还成为贵族社交活动的一部分，甚至在决斗中扮演重要角色。中世纪击剑的训练和比赛形式多样，所用武器包括长剑、短剑和长枪等多个种类。

击剑大师约翰内斯·理查德纳尔（Johannes Liechtenauer）是中世纪欧洲著名的剑术大师。他被认为是德意志长剑术的创始人，对剑术的发展做出了重要贡献。他的剑术体系不仅在当时影响深远，而且在现代的欧洲历史武术（HEMA）中仍然被广泛研究和实践。他的教学方法和理论对德国剑术传统的影响达两个世纪之久，至今仍被后人研究和实践[1]。

中世纪击剑不仅是一种军事技能，更是一种文化和艺术形式，反映了当时社会的审美和价值观。中世纪击剑在欧洲历史中留下了深刻的印记，并为现代击剑运动的发展奠定了基础。

三、文艺复兴时期击剑（14—17 世纪）

文艺复兴时期，击剑运动在西班牙、意大利、法国等欧洲国家得到了广泛的传播

---

① LECKÜCHNER H. The art of swordsmanship [M]. FORGENG J L, trans. Woodbridge: Boyell & Brewer, 2015.

和发展，系统总结击剑技术的书籍相继出版，剑的形制也经历了多次革新。

西班牙被认为是现代击剑运动的摇篮。1474 年，西班牙的两名教练编写了历史上第一本击剑技术书籍，内容包括内外线击剑法、步法移动和闪躲技术以及一些动作名词。此后，西班牙人多莱德制造了较高且较轻巧细长、呈三棱形的剑，与现代重剑相似，这种剑代替了欧洲传统的笨重的剑。这种剑适合用剑的前端做击剑动作，防守时需要使用左手短剑或穿着披风，这样便使击剑技术又完善了一步，多莱德也由此成名。

在意大利，击剑被视为一种高雅的运动，城市广场上经常举行盛大的击剑比赛，吸引了成千上万的观众前去观看。这一时期，击剑不仅是一种体育运动，还是一种必备的军事技能，为如今的意大利击剑传统奠定了坚实的基础。1509—1606 年，意大利也出版了有关击剑的书籍。有"击剑之父"称号的意大利人阿奇列·马罗佐（Achille Marozzo）于 1536 年写出了《击剑原理》一书，书中对击剑有了进一步的描写。随后，阿格里巴和吉冈蒂分别在 1553 年、1606 年撰写了《击剑论》，书中论述了击剑技术最初的四个姿势，初步形成了击剑技术的动作规范。从此，意大利击剑技术确认了其领先地位，并对欧洲产生了巨大影响，击剑也在此时被确认为是一种战术性艺术。

法国在国王亨利三世和亨利四世统治时期，曾邀请意大利的击剑师到法国宫廷中传授击剑技术，在其影响下，法国人亨利·德·圣-迪迪埃（Henri de Saint-Diolier）和吉拉德·蒂博（Girard Thibault）进一步综合了西班牙及意大利两国击剑派的击剑技术原理，分别于 1573 年和 1628 年写出了法国最初的击剑理论专著，并以法国习惯确定了击剑的常用术语，从此，击剑活动也在法国得到了发展。此时，法国人提出了取消使用左手短剑和披风的建议，但是没有被重视和采纳，直到 1610 年意大利人再次建议，短剑和披风的使用才被取消。与此同时，法国人还提出进行击剑活动时的实战姿势应变成身体侧向前，左手戴上宽口硬质型手套，以便在必要时进行防守，用于夺取对方的武器。1633 年，法国人贝纳尔·连湮的专著出版，书中所讲授的技术和战术同现代技术非常相似，内容包括敬礼、实战姿势、步法移动、弓步、交叉刺、直接防守、划圆防守、划半圆防守以及闪躲或低头等，书中同时提出了这些技术的动作要领。

由于欧洲的一些国家盛行决斗，使击剑技术得以蓬勃发展。当人们不能圆满地解决生活中的争端时，往往就会用击剑决斗的方式来收场。在法国，决斗成灾，仅在 1588—1608 年的 20 年中，在巴黎就有 8 000 名绅士死于决斗，这在社会上引起了强烈反响，路易十三世为此发布了"不准决斗"的禁令，但决斗之风仍未能平息[①]。

为了满足人们对击剑的喜爱和需要，而又不至于出现伤害生命的现象，人们便设计出一种剑身较短并呈四棱形、剑尖用皮条包扎的新型剑，这种剑常在宫廷中的练习

---

① 林勇，张自勉.奥运的军事渊源[J].现代兵器，2008(7)：35-46.

和表演中使用,因此被称为宫廷剑①。该剑有别于军队打仗使用的三棱剑,在对刺练习中减少了流血和死亡情况的发生,受到人们的欢迎,得到广泛应用,并逐渐形成一种独立的新型剑术系统——决斗剑的练习剑系统。这种剑便是如今花剑的雏形。

随着剑的改造和击剑技术的发展,击剑者的着装式样也曾产生过戏剧性的变化。法国路易十四统治时期,法庭对击剑者的服装有正式规定:男士要穿花锦织的外衣和斗篷,下身穿马裤和长筒袜;贵妇练习击剑,也要身着丝绸和缎子制作的马甲和坎肩式的上衣,在发型上也有讲究。这时候,宫廷中的贵族经常以玩赏击剑为娱乐活动,社会上形成以身配一把剑、掌握一定击剑技术为时尚的风气。文艺复兴时期的击剑运动不仅在技术上有了显著的发展,在文化和社会层面上也产生了深远的影响。

四、近代时期击剑(18—19 世纪)

在 18—19 世纪的近代时期,击剑经历了显著的发展和变革,由一项贵族的绅士活动逐渐演变为现代体育运动的雏形。18 世纪末,击剑活动开始采用现代击剑的 3 种武器:重剑、花剑和佩剑②。这一时期,击剑在法国、意大利和匈牙利等国得到了系统和规范的发展。1776 年,法国著名击剑大师拉·布瓦西埃用金属丝制成面罩,对保护脸部和眼睛起到了重要作用,既安全又美观。面罩的发明使击剑摆脱了中世纪以来流血与决斗的历史,进而走向了高雅、健康的现代体育运动之路③。从这时起,击剑运动中就可以连续地做攻击动作和复杂交锋了,而此时法国也成了竞赛性击剑的发展中心。可以说,面罩问世是击剑运动发展史上的一个里程碑。

19 世纪初,在法国击剑技术权威人士拉夫热尔的倡议下,花剑、重剑、佩剑这 3 种不同式样的剑在重量上得以进一步减轻,同时,一些技术原理及战术意义获得深入研究,运用起来更符合力学原理,技术中华而不实的动作被取消,以上这些因素都促使法国的击剑运动形成了自己独特的风格。由于当时在西欧一些国家击剑运动早已盛行,因此,击剑逐渐成为国际性的体育竞赛项目。1882 年,法国成立了世界上第一个击剑协会;1893 年,美国业余击剑协会成立。1896 年,第一届现代奥运会在雅典举办,击剑作为正式项目出现在竞赛中。为使击剑健康地向前发展,需要一些规定来指导、控制这项运动,因此,当时法国著名击剑师让·路易、拉·布瓦西埃、拉夫热尔和高维尔合编了有关击剑的规定,这就是最早的击剑规则。规定包括:有效的击中限制在胸部;禁止刺面部;防守还击动作需在对方第二次进攻之前刺中为有效,等等。这些简单的条文也成为延续至今的击剑规则的雏形和部分原则,这些规则也为确定花剑的有效击中部位奠定了基础。在这一时期,击剑作为一项有规则的竞技运动已日

---

① 龚明俊,王伟.13—18 世纪西欧兵击运动演变历程研究[J].成都体育学院学报,2024,50(1):160-168.
② 李玉兰,杨茜.试析欧洲现代体育特征[J].体育文化导刊,2015(12):29-32;57.
③ 冯香红,杨建营.中华剑艺与欧洲击剑、日本剑道的现代转型史对比研究[J].成都体育学院学报,2023,49(1):111-118.

趋完善，并在逐渐演变下为形成现代击剑运动奠定了基础。击剑在 19 世纪蜕化成了纯粹的运动，然而，决斗在当时仍没有完全被禁止。热心于决斗的击剑斗士们仍然会在习武厅中练习决斗时用的三棱形剑，但剑尖不锐利，刺中部位是全身，这就是一直延续到今天的重剑形式。

面罩问世的同时，匈牙利人对东方波斯、阿拉伯和土耳其早期骑兵使用的弯形短刀进行了改良，在剑柄上装配了一个弯月形的护手盘，击剑时可以起到保护手指的作用。但是由于这种剑与宫廷剑相比较为笨重，当时并不受欢迎。后来，意大利著名击剑大师朱塞普·拉达叶利将该剑做了进一步改进，使其能够在击剑运动和决斗中使用，从而成为近代佩剑的前身。1861 年，拉达叶利发表论文，根据生物力学原理，认为做劈和防守动作时，要固定桡腕关节，并以肘关节活动为基础，这一理论改变了传统以手腕为支点的方式，让动作更具力量和稳定性，对现代佩剑技术发展影响深远，他也因此被认为是现代佩剑的创始人。此后，意大利人洛桑泰利在匈牙利击剑学校中继续对佩剑进行发展完善，规定有效攻击部位为腰带以上，同时可以用刺和劈的动作，形成了新的佩剑技术体系，也使得击剑运动中花剑、重剑、佩剑 3 种独特形式的击剑技术系统得以确立。

五、现代时期击剑（19 世纪末至今）

现代击剑运动兴起于 19 世纪末，在这一时期，一系列重要变革推动了击剑从传统剑术向现代竞技体育的转变。意大利的击剑学派对传统剑术进行了系统化的改良。法国学派在意大利学派的基础上进一步完善了击剑体系，使其更加规范化和科学化。现代击剑的三大主要形式花剑、重剑和佩剑在这一时期逐渐被确定下来。

花剑最初被用于战斗训练中，重剑由决斗剑演化而来，佩剑则源于骑兵使用的弯刀。每种剑种的比赛都有独特的规则和比赛方式，例如，花剑比赛强调速度和技巧，得分范围限制在对手的躯干上。1896 年，在雅典举行的第一届现代奥运会上就设有击剑比赛，包括男子花剑、佩剑（职业和业余）个人比赛，这一举措极大地推动了击剑运动的普及和发展。现代击剑比赛规则也在此基础上不断完善，例如，引入无线频率探测器来计算有效点击数，取代传统的电子仪器，从而提高了比赛的精确度。

1900 年，第二届奥运会增加了男子重剑个人比赛。1912 年 5 月 5 日—7 月 27 日，在瑞典首都斯德哥尔摩举行的第五届奥运会是奥林匹克运动复兴以来的第五次国际盛会。这次奥运会的比赛中出现了一些争议，例如，法国队针对花剑项目提出了一些焦点问题，而意大利队则因为重剑比赛中对于剑的长度没有统一规定而拒绝参赛。这些问题最终促成了国际击剑联合会的成立，其目的是规范和统一击剑比赛的相关规则。斯德哥尔摩奥运会不仅展示了击剑运动的魅力，也推动了该项运动在全球范围内的发展和完善。

1913 年 11 月 29 日，第一次关于击剑的国际会议于法国巴黎举行，有 9 个国家参加,会上成立了"国际击剑联合会"①。1914 年 6 月,国际击剑联合会规则于巴黎获得通过,于同年被编辑成册,1919 年出版,名称确定为《击剑竞赛规则》。1924 年,第八届奥运会增加了女子花剑个人比赛。1931 年,重剑比赛中开始使用电动裁判器。1955 年,花剑比赛中开始使用电动裁判器,这时花剑的剑尖和重剑一样是花瓣状圆形剑头,此后演变为多层状圆环形,至 1976 年变为现在的平行剑头。1989 年,佩剑比赛中也开始采用电动裁判器,同时女子重剑比赛也开始了。电动裁判器的使用使对比赛中刺(劈)质量的判断更加准确、公正,对击剑技术也提出了新要求。规则不断被修改,竞赛制由小组循环制改为单败淘汰制,每场比赛 3 局打 15 剑,团体比赛也由每队 4 人改为每队 3 人,但同时保留了一名替补成员,每人每场 3 分钟打 5 剑。击剑运动进入了新的发展阶段。

现代击剑不仅是一项技术性和策略性很强的体育运动,还具有悠久的历史和丰富的文化背景。从 19 世纪末至今,现代击剑经历了从传统剑术迈向现代竞技体育的转变,并在全球范围内得到了广泛的认可和普及。

第三节　中国击剑运动发展史

一、形成与演变

中国作为历史悠久的文明古国,其剑文化源远流长。剑,中国古已有之,剑在不同朝代有着不同的用途。中国击剑的发展始终沿着古代剑形式和技术上不断完善的方向,并没有脱离传统轨迹转化为现代击剑运动。现代击剑运动发源于欧洲,于 20 世纪 50 年代传入中国,半个多世纪以来,这项移植的运动在华夏大地顽强生长,经历了生根、发芽、开花、结果之后,凭借其强大的生命力,将枝丫伸展至墙外,直冲亚洲,走向世界,并以其特有的光彩傲然于世界剑坛。

中华人民共和国成立之前,最早学习现代击剑的是贾玉瑞,1938 年留学日本期间,他在东京青年会跟随法国教师学习击剑技术,1944 年回国后在北京大学任教,利用业余时间教学生击剑,这是我国最早传习击剑运动的过程。新中国成立以后,击剑运动正式在我国起步和发展。1950 年,贾玉瑞被调至北京师范大学体育系任教,在学生中开展击剑教学活动。1952 年,贾玉瑞与中国体育代表团共同访问苏联和匈牙利,收到了一些对方赠送的器材,他将这些器材全部赠送给了北京师范大学体育系。1953 年 11 月,第一届全国民族形式体育表演及竞赛大会于天津举行,在大会上,贾玉瑞老师带领北京师范大学学生王守纲、兴连立、倪珍珠等进行了击剑表演并介绍了

---

① 李秀水.漫话世界击剑运动[J].体育文史,1989(1):78.

比赛方法，自此以后，现代击剑教学开始在少数大城市和体育学院开展[①]。

1955年，苏联专家赫鲁晓娃女士在北京体育学院开设了击剑专修课，她在执教的两年中培养了30多名学员，这批学员毕业后回到各省市，成为开展击剑运动的骨干，进一步推动了击剑运动的发展[②]。国家体育运动委员会于1958年、1959年分别在北京、武汉体育学院举办了击剑教练培训班，击剑项目在1955—1965年的10年间被列入第一届和第二届全国运动会，此外几乎每年都有全国和地区性锦标赛、表演赛等举行。其中，第一届全国运动会共有13个单位、76名运动员参赛，比赛达到了一定的规模。我国击剑运动在发展初期主要是开阔眼界、学习世界先进运动技术水平，这与1959年匈牙利国家队来访、1964年苏联国家青年队来访有很大关系。当时这两支国家队拥有多名世界冠军，堪称世界一流水平，他们的技术动作规范细腻，比赛经验丰富，我国教练员和运动员向他们学习了击剑技术和宝贵的经验，这些对我国后来击剑技术风格的形成和发展产生了深刻的影响。

二、队伍建设与曲折发展

中国击剑运动发展道路遭遇过两次挫折，其原因分别是自然灾害和社会原因。一是1959年以后的三年困难时期，加上中苏关系恶化致使国民经济困难，因此，大部分地区的击剑队难以为继，甚至解散。二是1966—1973年，受"文化大革命"的影响，击剑运动停滞了8年。1966年前的14年间，击剑运动在我国经历了从无到有、从小到大、从极少数地区扩大到全国十几个省市和解放军及大专院校，剑种较为齐全，发展势头较好。从事系统训练的运动队伍，无论是在参加该运动的普及人数上，还是在运动技术水平上，都有了很大的发展，特别在人才培养方面产生了一批专业的教练员队伍，这为后来我国击剑冲出亚洲、走向世界奠定了基础。

在1973年我国击剑运动刚刚恢复的时候，各方面水平都比较低，面临队伍人数不多、运动员年龄悬殊且技术水平参差不齐、场地设备器材陈旧等诸多问题，特别是在停滞不前的8年时间里与外面断绝交往，对击剑技术的发展以及竞赛规则知之甚少。1974年5月，国际剑联第五十五届代表大会在摩纳哥蒙特卡洛举行，大会通过了中国加入国际剑联的决定，这为我国击剑走出家门、迈向世界铺平了道路。随着我国与世界交往的增多，我国与亚洲乃至世界水平的差距逐渐缩小。1974年，我国首次派出队伍参加在伊朗举行的第七届亚运会，由于我国击剑运动恢复时间较短，即便当时只有8个国家和地区参加，有些剑种报名不足20人，我国击剑队仍与金银牌无缘，最好成绩是佩剑、重剑团体第3名、个人第5名。1975年9月，第三届全国运动会击剑比赛在北京举行，比赛规模和人数大大超过前两届，共有16个省市180名运动员参加，虽然这届全国运动会总体水平不高，但为我国击剑后来冲出亚洲、走向世

① 文国刚口述，润身编著.文国刚传[M].北京：经济日报出版社，2019：20-21.
② 乔敏，王昶.少儿击剑教学中意外伤害预防研究[J].当代体育科技，2019,9(6)：11；13.

界打下了良好的基础。

三、改革与发展

1978年3月,在西班牙马德里举办的第二十九届世界青年锦标赛上,我国青年击剑新星栾菊杰在持剑手臂负伤的重压下,以非凡的毅力与卓越的技艺,力克群雄,斩获第二十九届世界青年锦标赛亚军。栾菊杰的英勇事迹不仅震撼了击剑界,更激奋了整个中国体育界。国家体育运动委员会随即发出"学习栾菊杰精神"的号召,激励全体体育工作者以她为榜样。这一举措无疑为中国击剑的蓬勃发展注入了强劲动力。岁月流转,1984年,在第二十三届奥运会上,栾菊杰再次不负众望,一举夺得女子花剑个人冠军,再次极大地鼓舞了我国击剑界。

我国击剑运动的发展离不开整个国家和社会的大环境,在发展过程中虽有坎坷,进步幅度不大,但整体是向前的。党的十一届三中全会以来,国家实行改革开放,政治稳定,经济繁荣,社会发生了巨大变革,此后的10多年是我国体育发展史上最好的时期之一,也是击剑运动发展腾飞的时期,在这一时期,中国击剑不仅在亚洲,而且在世界上都有一定的地位。

中国的击剑运动虽然开始于20世纪40年代,但我国真正有计划、有规模地开展击剑运动还应从20世纪70年代算起,至今也不过50多年的时间。与欧洲击剑运动的百年历史相比,我国还处于中级发展阶段,缺乏对击剑规律更深刻的认识和理解,还在"必然王国"中徘徊,这也是我国还未能成为世界击剑强国的真正原因所在。但同时我们也应看到,中国击剑运动的发展是从无到有、由浅入深、从知之甚少到知之较多,再到学习、吸收国外先进技术,创立自己的风格,走出了一条不同于其他先进击剑国家的发展道路,在较短时间内在个别剑种上跨入了世界先进行列。

女子花剑曾是我国优势剑种,曾获得过奥运会个人冠军、亚军,世界锦标赛团体第三名的成绩。我国男子花剑在世界大赛上无论是在团体比赛中还是在个人比赛中始终处于前三名水平,在奥运会和世界锦标赛中多次取得亚军和季军,但一直与冠军无缘,直到2010年才取得第一个世界团体冠军,并在2011年蝉联团体冠军,于2012年伦敦奥运会上获得个人冠军。在2021年的东京奥运会上,孙一文在女子重剑个人赛中夺得金牌,这是中国击剑历史上首枚女子重剑个人赛金牌。

中国香港击剑队近年来取得了显著的成就,尤其在国际赛事中表现突出。在2024年巴黎奥运会上,中国香港击剑队历史性地夺得两枚金牌。其中,江旻憓在女子个人重剑项目中战胜法国选手马洛-布雷东,夺得金牌,这是中国香港代表团在这一届奥运会上的首枚金牌。随后,张家朗成功卫冕男子花剑冠军,为中国香港再添一金。

中国香港击剑队的成功得益于多方面的因素。首先,中国香港政府大力推动普及击剑运动,并与香港体育学院合作制定了一套严格公平的机制来挑选剑手接受精英训练及代表香港出赛。此外,内地教练的加入和系统化、职业化的培训也对中国香港击剑运动的崛起起到了重要作用。

中国香港击剑队的崛起还体现在其广泛的俱乐部基础和系统的训练体系上。目前，中国香港有大约 40 多家击剑俱乐部，这些俱乐部不仅是运动员日常集训的地方，也是选拔优秀运动员的重要平台。运动员通常通过俱乐部参加本地比赛，并根据积分排名进入中国香港队。中国香港击剑队在国际赛事中的佳绩不仅提升了香港运动员的知名度，也激励了更多年轻人投身于击剑运动。

中国香港击剑队的成功是多方面因素共同作用下的结果，其中包括政府支持、系统化培训、广泛的俱乐部基础以及运动员个人的努力和拼搏精神。这些因素共同推动了中国香港击剑运动的快速发展，并使其在国际舞台上取得了令人瞩目的成绩。

第四节　花剑的流派及发展趋势

击剑运动主要分为花剑、重剑和佩剑 3 个剑种，不同剑种各有独特的竞技特点和规则要求。本书主要系统介绍花剑的流派及其发展趋势，帮助读者深入了解击剑的内容。

一、花剑的流派

花剑的起源最早可以追溯到 17 世纪的欧洲贵族决斗。作为欧洲传统的剑术，花剑最初是一项生存技巧，后来演变为竞技体育。花剑的原型是中古欧洲绅士们决斗时使用的佩剑。现代击剑运动通常被认为起源于意大利，后为法国所进一步发展。因此，花剑的起源与欧洲的历史和文化紧密相关，其演变过程体现了从实用武器到竞技体育的转变。

法国花剑和意大利花剑各自代表着一个古典的花剑流派，这两种流派的基本技术动作和战术打法风格都有明显的差异。随着岁月的流逝和国际交往的增多，特别是在电动花剑问世、竞赛规则发生变化、服装器材有所改进之下，40 年代以来，花剑在技术动作和战术打法风格方面有了迅速的发展。20 世纪 50 年代末，法国、意大利花剑一直占有明显优势。20 世纪 50 年代末—60 年代初，苏联花剑异军突起，直到现在，俄罗斯、乌克兰花剑仍处于世界前列。20 世纪 70 年代末—80 年代初，联邦德国花剑后来居上，并占有重要地位。这些国家的花剑都有各自的风格特点，形成了不同流派。

（一）法国美观轻巧派

法国美观轻巧派在花剑流派中占有重要地位，其风格独特且深受国际击剑界的赞誉。法国美观轻巧派强调技术规范的重要性，运动员的动作细腻、圆滑、富有弹性，且始终保持平稳、流畅和灵活。在比赛中，运动员展现出的不仅仅是精湛的技术，更带给人艺术的享受。法国美观轻巧派的风格要求运动员在动作上不仅要准确无误，还要注重美观和轻巧，这使得每一次进攻和防守都如同舞蹈般优雅。

在战术方面，法国美观轻巧派运动员往往表现出冷静、智慧和谨慎的特点。他们不会轻率地采取行动，而是会经过深思熟虑后再做出决策。他们擅长通过挑引和侦察来发现对手的弱点，并在合适的时机加以利用。这种战术看似被动，实则冷静、有的放矢，令对手难以捉摸其真实意图。

此外，法国美观轻巧派运动员还非常注重技巧和体能的保持。他们知道在比赛中如何合理分配体能，避免不必要的消耗。同时，他们还会运用各种技巧来迷惑对手，使得对手在比赛中始终处于被动地位。这种对技巧和精力的双重把控，使得法国美观轻巧派运动员在比赛中往往能够取得出色的成绩。

吕西安·戈丹作为法国美观轻巧派的杰出代表，其技术和战术风格都充分体现了这一流派的精髓。他的动作细腻、准确且富有美感，让人叹为观止。同时，他在比赛中展现出的冷静、智慧和敏锐的洞察力也让人印象深刻。他的成功不仅为法国美观轻巧派赢得了荣誉，也为整个击剑界树立了榜样。

（二）意大利严谨刚烈派

意大利严谨刚烈派在花剑流派中以其独特的风格和卓越的表现而闻名。这一流派的运动员展现出一种硬朗、有力且暴烈的动作特点，将猛烈的性格与激烈的击剑技巧完美融合。

在技术层面，意大利严谨刚烈派的运动员动作有力，精力充沛，他们力求在每一次进攻和防守中都全力以赴。他们的剑术风格充满了力量和速度，以挑引来主动创造条件，并强加于对手，逼迫对方做出反应。他们擅于快速而有力地移动，敢于大胆接近对手，多利用弹跳步等灵活的步伐来寻找进攻的机会。

在战术上，意大利严谨刚烈派的运动员展现出好斗、富于冒险、具有进取精神的特点。他们个性突出，不畏强敌，敢于在比赛中挑战自我和对手。他们擅长在接触对方剑的瞬间凶悍有力地发起进攻，并以猛烈的力量和速度造成强刺激并控制对方。他们的决断行动迅速而果断，往往能够在关键时刻一剑封喉，击败对手。

在实战姿势方面，意大利严谨刚烈派的运动员通常采用类似佩剑的实战姿势，剑尖指向对方眼睛的上部位，持剑手心向下，手臂与剑形成较大的角度。这种姿势使得他们能够更好地控制剑的方向和力度，从而在比赛中发挥出更强大的攻击力和防御力。

优秀运动员如玛丽亚·瓦伦蒂娜·韦扎利（Maria Valentina Vezzali）（连续在悉尼、雅典、北京3届奥运会夺得个人金牌）和乔万纳·特里利尼（Giovanna TRILLI-NI）（7枚奥运会奖牌得主的击剑运动员）等，都是意大利严谨刚烈派的杰出代表。这些运动员不仅在国际比赛中取得了辉煌的成绩，也为意大利花剑流派的发展做出了重要贡献。他们的技术和战术风格成为后来者学习和模仿的典范。

（三）德国自由派

德国自由派在花剑流派中以其独特的风格和战术策略脱颖而出。这一流派的运动员并不拘泥于动作的一招一式，而是更注重动作的随意性和自然性，介于法国美观轻巧派和意大利严谨刚烈派之间。

在技术层面，德国自由派的运动员擅于抢占剑的有利交叉位置，并能够巧妙地隐蔽自己的意图。他们擅长捕捉时机和掌握距离，能够在比赛中迅速找到对手的破绽并给予致命一击。他们的手臂、手腕和手指特别有力，这使得他们在对剑的控制和运用上更加得心应手。

在攻防行动上，德国自由派的运动员倾向于使用身体闪躲来完成动作，这种灵活的身法使得他们能够在比赛中保持高度的机动性和较快的反应速度。同时，他们也擅于利用剑身的弹性而运用甩剑、点刺和大角度刺等技巧，使得对手难以捉摸其剑尖的动向。

在战术策略上，德国自由派的运动员们擅于通过变换姿势和接触对方的剑来使对手处于不利状态。他们总是能够在交战中让对手感到不知所措，使对手无法准确判断剑的位置和动向。这种战术的精髓在于通过不断地变化和干扰来打乱对手的节奏和思路，从而为自己创造更多的进攻机会。

在实战姿势方面，德国自由派的运动员通常采用重心略靠前的姿势，持剑臂手心朝斜上方，剑尖差不多与对方眼部同高。他们的脖子挺得较直，持手剑柄时弯曲角度较大。这种独特的姿势不仅有助于他们维持身体的平衡与稳定，还使得他们能够更加充分地发挥出手臂和手腕的力量。这种技巧性的调整，无疑是他们在击剑训练中经过长期磨砺和精心雕琢的结果，旨在最大化地提升比赛中的竞技表现。

优秀运动员如乌尔里克-希雷克（Ulrich Rainer SCHRECK）、本亚明·克莱布林克（Benjamin Kleibrink）等都是德国自由派的杰出代表。他们凭借出色的技术和战术策略在国际比赛中取得了辉煌的成绩，也为德国花剑流派的发展做出了重要贡献。他们的风格和特点成为后来者学习和模仿的典范，为花剑运动的发展注入了新的活力和创意。

（四）匈牙利勇于创新派

首先，匈牙利勇于创新派运动员勇于创新、敢于尝试的精神是非常值得学习的。在电动剑等新技术面前，匈牙利花剑运动员没有表现出保守和抗拒，而是选择积极地拥抱变化，迅速适应并掌握新技术。这种勇于创新和敢于尝试的精神是推动任何领域发展的重要动力，也是使个人获得成长和进步的关键因素。

其次，匈牙利花剑运动员技术功底扎实、手上功夫熟练，这也是值得学习之处。他们注重基本功方面的训练和打磨，通过反复练习和不断精进，使得自己的技术动作更加规范和精准。这种对技术的执着追求和精益求精的态度是任何运动员都应该具备的,也是提高竞技水平的关键所在。

匈牙利勇于创新派花剑运动员还擅于运用战术和策略,能够根据比赛情况灵活调整自己的打法。他们具备敏锐的洞察力和判断力,能够准确捕捉对手的破绽和弱点,并采取相应的战术措施来取得胜利。这种战术意识和应变能力也是使运动员能够在比赛中取得好成绩的重要因素之一。

最后,匈牙利花剑运动员还展现出了良好的职业素养和团队合作精神。他们尊重对手、尊重裁判、尊重观众,始终保持着良好的体育道德风尚。同时,他们也注重与队友之间的沟通和协作,通过团队合作来共同提高竞技水平。这种职业素养和团队合作精神是任何运动员都应该具备的,也是推动团队发展的重要力量。

匈牙利花剑运动历史上涌现出了多位优秀运动员,他们在国际赛场上取得了卓越的成就,为匈牙利花剑运动的发展做出了重要贡献。值得一提的是伊尔迪科·赖特-乌伊洛基(Ildiko Rejtö-Ujlaki),她是匈牙利历史上最杰出的花剑女运动员之一,曾参加 1960 年、1964 年、1968 年、1972 年和 1976 年的 5 届奥运会,并赢得了 7 枚奥运会奖牌,包括 1964 年的个人和团体金牌。在世界锦标赛上,她也取得了显著成绩,赢得了 4 次冠军,分别是 1963 年的个人花剑冠军,以及 1962 年、1967 年和 1973 年的团体花剑冠军。伊尔迪科·赖特-乌伊洛基的卓越表现为匈牙利花剑在国际上赢得了极高的声誉,她的成就激励了一代又一代的击剑爱好者。

(五) 俄罗斯稳扎稳打派

俄罗斯稳扎稳打派在击剑领域中以其独特的风格和深厚的实力而著称。该流派在技术上融合了法国、意大利及匈牙利各流派的先进元素,同时保留了俄罗斯运动员固有的身体素质优势——强健的体魄、充沛的体力以及快速的移动能力,这种结合使得俄罗斯稳扎稳打派在击剑界独树一帜。

在训练方法和理论上,与传统体系有所不同的是,该流派更加注重技术的实用性和灵活性。俄罗斯稳扎稳打派运动员不仅熟练掌握了古典、传统的技术,还能够在这些技术的基础上加以创新,融入力量、速度和凶狠的元素,使技术更加全面和具有威胁性。

在实战中,俄罗斯稳扎稳打派运动员在姿势上重心偏后,剑尖指向对方胸部,这种姿势有利于保持平衡和稳定,同时运动员能够迅速做出反应。他们采用灵活多变、时紧时松、步步为营的步法,通过不断变换节奏和距离来威胁对手,创造进攻的时机。在进攻时,他们往往能够从容不迫地展开攻势,或者在强攻的基础上设置战术圈套,以第二意图出奇制胜。

这种技法的关键在于对力量、速度、深度、剑身和剑尖的精准控制。该流派运动员能够将这些因素协调得恰到好处,使直刺和转移刺等动作既逼真又有效;同时,他们擅长后发制人,通过诱使对手犯错或陷入圈套来取得胜利。

俄罗斯稳扎稳打派的运动员在比赛中往往表现出沉稳、冷静的特质,他们更倾向于通过稳健的战术和精准的技术来击败对手，而不是冒险行事。这种风格使得他们在比赛中具有很强的竞争力和持久力。

瓦伦亨娜·西多罗娃（Valentina Sidorova）等优秀运动员正是这一流派的杰出代表。这些运动员通过不懈的努力和训练，将俄罗斯稳扎稳打派的精髓发挥得淋漓尽致，在国际赛场上取得了辉煌的成就。

（六）中国博采众长派

中国博采众长派花剑运动员在比赛中往往展现出积极主动的态势，他们不断寻找进攻机会，以攻为主，力求在比赛中占据主动。在技术上，中国花剑运动员追求快速、凶狠、稳定和变化。他们动作迅速，能够迅速反应并抓住对手的破绽；同时，他们剑法凶狠，能够在短时间内给予对手有效的打击。

此外，中国花剑运动员还注重技术的稳定性和变化性，能够在不同的比赛场合和不同的对手面前灵活应对。中国花剑运动员在比赛中更倾向于采取进攻策略，以攻为主，通过积极的进攻来压制对手，从而取得比赛的胜利。这种风格不仅体现了中国运动员的勇气和自信，也符合现代击剑运动的发展趋势。

中国花剑运动员在战术上注重灵活多变，能够根据不同的对手和比赛情况制订出相应的战术方案。他们擅于观察对手的特点和弱点，从而制定出针对性的战术策略。

在团体赛中，中国花剑运动员彼此之间注重团队协作和默契配合。他们能够通过眼神、动作等方式进行沟通并达成协作，共同应对对手的进攻和防守。这种团队协作的精神不仅提升了团队的战斗力，也为中国花剑在国际赛场上赢得了更多的荣誉。

在文化特色方面，中国花剑运动员在比赛中注重礼仪和风度，展现出传承中国传统的礼仪文化和体育精神。中国花剑在发展过程中充分学习和借鉴了国外先进技术，与此同时，也注重总结自己的特点和文化内涵。通过不断地融合和创新，中国花剑逐渐形成了自己独特的风格和文化特色，成为国际击剑界的一支重要力量。

二、花剑的最新发展趋势

（一）技术全面，特长突出

随着击剑运动的不断发展，运动员们越来越注重技术的全面性和个性化发展。全面的攻防技术是运动员在比赛中与强手抗衡的基础，只有掌握了全面的技术，运动员在面对不同风格和打法的对手时才能做到游刃有余。然而，仅仅技术全面还不足以在激烈的竞争中脱颖而出，运动员还需要在全面的基础上具备个性突出的特长技术。这种特长技术可以是某种特定的进攻方式、防守技巧或者是心理战术等，它能够让运动员在关键时刻给予对手致命打击，从而赢得比赛。

(二)强制紧逼,观察,多意图进攻

在现代花剑比赛中,运动员们更加注重主动进攻和强制紧逼。他们通过积极的步法移动和剑法运用,将对手紧逼到有利距离,并敢于将自己的动作强加给对手。这种强制紧逼的战术不仅让对手感到明显的压迫感,还能够打乱对手的节奏和心态。同时,运动员们还善于通过观察对手的意图和暴露的信号,以多意图随机应变地做出应答动作。这种多意图进攻的方式让对手难以捉摸,从而提高了自己的得分效率和胜率。

(三)超前抑制,积极阻截,主动转换,快速反击

在现代花剑比赛中,防守反攻战术已经不再是简单地保持距离和等待机会。相反,运动员们更加注重主动出击和超前抑制[①]。超前抑制策略强调在对手攻击之前进行有效的防守或干扰,以阻止对方的进攻。通过提前判断对手的动作并采取相应的防御措施,可以有效地限制对手的进攻空间。具体表现为运动员通过主动拉开距离、变换持剑姿势等方式来抑制对手的攻击力,并扰乱对手的思路。当对手组织进攻时,运动员会迅速进行阻截和破坏距离,从而瓦解对手的进攻。

运动员们还注重在攻防转换中的主动性和快速性。主动转换是指在防守之后立即转换为进攻状态。这要求选手在完成防守动作后能够迅速调整姿态和位置,以便立即发起新的进攻。这种策略不仅需要良好的身体素质,还需要极高的战术意识和灵活性。

快速反击是在对方攻击时抓住机会进行反制。选手需要在对方攻击的同时寻找破绽,并利用自己的速度优势迅速进行反击。这种策略要求选手具有敏锐的观察力和快速的执行能力。

综上所述,花剑的最新发展趋势体现了现代击剑运动对运动员全面性、个性化和主动性方面的要求。只有掌握了全面的技术、具备了个性突出的特长技术、注重主动进攻和超前抑制以及能够快速反击的运动员才能在激烈的竞争中脱颖而出并取得优异的成绩。

第五节　重大击剑赛事介绍

击剑竞赛是击剑运动的重要组成部分,参与击剑竞赛可以极大地丰富大学生体育文化,大学生通过观看击剑比赛能够得到力与美的享受;击剑竞赛也有强大的引领作用,可带动更多的人参与到击剑运动中来,促进提高大学生体质健康水平。

---

① 赵传杰,张辉.击剑运动项目技战术特征的理论研究[J].南京体育学院学报(社会科学版),2009,23(3):116-119.

一、国外击剑赛事

（一）世界击剑锦标赛

世界击剑锦标赛的前身是欧洲击剑锦标赛，1931年，国际剑联（FIE）将其改为世界击剑锦标赛，并于1937年在法国巴黎举行了第一届比赛，当时只设置男子花剑、男子佩剑、男子重剑、女子花剑4个项目。1989年第三十四届世界击剑锦标赛增设女子重剑项目。2001年第四十五届世界击剑锦标赛增设女子佩剑项目。世界击剑锦标赛除奥运会举办年份外每年举行一次，参加对象为所有国际剑联会员国的运动员。每个会员国各剑种限报运动员4人，各剑种限报两个团体队参赛。世界击剑锦标赛是目前世界上规模最大、参赛人数最多、水平最高的比赛之一。

（二）奥运会击剑比赛

奥运会击剑比赛是世界最高水平的比赛之一，其历史悠久且不断演变。1896年在雅典举行的第一届现代奥运会首次设置了男子职业和业余花剑、佩剑的个人赛。1900年在巴黎举行的第二届奥运会增设了男子重剑个人赛。1924年巴黎奥运会，女子花剑个人赛被引入赛事。从1992年巴塞罗那奥运会开始，女子重剑成为正式比赛项目。女子佩剑是在2004年的雅典奥运会上被正式列为奥运会项目。目前，奥运会击剑比赛包括3个剑种，即花剑、重剑和佩剑，并且设有男子、女子个人赛和团体赛。奥运会击剑比赛参赛资格是通过国际剑联的击剑项目参赛资格体系来确定的。该体系包括一系列的资格赛，运动员通过这些比赛获得相应的积分，国际剑联最终根据排名分配参赛名额。

（三）亚洲击剑锦标赛

亚洲击剑锦标赛是亚洲地区最高水平的击剑赛事，该赛事吸引了来自多个国家和地区的顶尖剑手参赛。第一届亚洲击剑锦标赛于1989年在北京举行，亚洲10个国家和地区的103名剑手参加了此次赛事。亚洲击剑锦标赛每年举行一届，受全球新冠肺炎疫情影响停摆两年后，2022年6月在韩国首尔重燃战火。

（四）亚运会击剑比赛

亚运会击剑比赛是亚洲最高水平的击剑比赛之一。击剑项目首次被列为亚运会正式比赛项目是在1974年于伊朗德黑兰举行的第七届亚运会上。此后，每届亚运会均设有击剑比赛项目。值得注意的是，1990年，第十二届亚运会在男子项目的基础上增设了女子重剑项目，而2002年第十四届亚运会则进一步增加了女子花剑和女子佩剑项目。这些变化显示了击剑项目的不断扩展和对性别平等的重视。杭州亚运会也继续保留了这一传统，并在2023年9月24—29日于杭州电子科技大学击剑馆进行了包括花剑、重剑、佩剑 3 个剑种的男子和女子个人及团体共 12 个小项的比赛。击剑作为一项历史悠久且具有高度竞技性的体育项目,在亚运会中的地位和影响力不断提升,成为展示亚洲各国和地区击剑水平的重要平台。

二、国内击剑赛事

(一) 全国击剑锦标赛

全国击剑锦标赛是中国最高水平的击剑比赛之一,该赛事每年举行一次。参赛对象必须是经中国击剑协会注册认证的运动员,参赛单位包括各省、自治区、直辖市、解放军、各行业体育协会、各体育院校及特邀剑校。每单位每剑种限报 4 名个人赛运动员和一支团体队伍;此外,每单位还限报一支混合团体队伍。对于非总局注册的运动员,需要满足最低资格标准,例如本赛季全国冠军赛总决赛个人成绩成年组排名前16、全国冠军赛分站赛个人成绩成年组排名前 8,或中国击剑协会大众赛事积分排名前 3(积分更新截至报名开始前两周)。参赛运动员的年龄条件为 13 周岁以上且未满 18 周岁,须征得法定监护人的同意。各单位在报名前应确保运动员认可并签署《中国击剑协会运动员参赛声明书》。总体来说,全国击剑锦标赛不仅对运动员的参赛资格有严格的要求,同时也对各单位的报名人数有所限制,旨在保证比赛的公平性和专业性。

(二) 全国击剑冠军赛

全国击剑冠军赛是对每年全国一系列击剑积分赛的总称,参赛对象必须是经中国击剑协会注册认证的运动员,参赛单位为各省、自治区、直辖市专业队,地级市体校,高等大专以上院校,体育俱乐部。每单位限报一支代表队。

(三) 全国运动会击剑赛

全国运动会作为中国国内最高水平的综合性运动会,其比赛项目和规则的调整往往能够反映出国家体育政策的变化和社会发展的需求。全国运动会击剑赛自1959 年第一届全国运动会起就被列为正式表演赛项目。在第二届全国运动会上,有11 个单位的 56 名运动员参加了比赛,其中包括 17 名女运动员,8 个比赛项目包括男子花剑、重剑和女子花剑的个人与团体赛。随着时间的推移,全国运动会击剑项目的设置也逐渐得以扩展和丰富起来。到了 1993 年,第七届全国运动会增加了女子重剑项目。2005 年的第十届全运会增设了女子佩剑项目。

(四) 全国大学生击剑锦标赛

全国大学生击剑锦标赛是我国最高水平的大学生击剑竞赛,旨在推动校园击剑运动的发展,并为实现体育强国、健康中国发挥积极作用。该赛事由各省、自治区、直辖市境内的全日制普通高等学校组成参赛队伍,根据学生入学前的击剑基础分为 3 个组别:甲组通常由普通在校大学生组成;乙组则包括通过击剑项目统测并具有一级或二级运动员资格的选手;丙组进一步细分为丙 A 组和丙 B 组,以满足更多层次的参赛需求。这种分组方式不仅考虑到了学生的击剑基础,还兼顾了他们的竞技水平和经验,从而确保比赛的公平性和竞争性。

（五）大众击剑联赛

中国击剑协会自 2009 年起推出中国业余击剑联赛制。该联赛设有分站赛和总决赛,并采用积分制进行比赛,比赛持续到年底,积分靠前的选手将获得中国击剑协会颁授的奖励和荣誉称号。该联赛的开展不仅为业余击剑选手提供了一个公平竞争的平台,还促进了击剑运动的普及,使其成为一种全新的大众休闲方式。此外,通过积分排名的办法,中国击剑协会能够评价大众击剑组织和运动员的成绩和水平,并制订相应的奖励方案,选拔优秀选手参加全国击剑比赛。从赛事名称的变化来看,最初的"中国业余击剑联赛"在 2017 年正式被更名为"中国击剑俱乐部联赛"。这一变化反映了赛事规模的稳步扩大和参与人数的显著增长,中国击剑协会采取的举措成功激发了大众对击剑运动的热情,有效扩大了击剑项目人口规模,并积极推动了击剑运动在中国的健康发展。

问题与思考

1. 简述击剑发展历史。
2. 简述我国击剑运动发展历程。

第二章　击剑运动原理

第一节　击剑运动的环节

击剑运动的发展趋势强调了理解运动竞赛中的普遍原理对于提升教学与训练活动的目的性、针对性和实效性有着重要意义。现代击剑运动的基本原理揭示了比赛中的几个关键环节与运动特点，包括前后步法的移动、距离的变化、时机的捕捉[①]，以及进攻与防守技战术的选择。这些环节都遵循着各自特有的规律，而这些规律正是我们提升击剑技能、制定战术策略的基础。

首先，步法的移动和距离的变化是击剑比赛中的基础。运动员需要灵活运用步法，不断调整与对手之间的距离，以找到最佳的进攻或防守位置。这需要运动员具备出色的身体控制能力和极快的反应速度。

其次，时机的捕捉是击剑比赛中的关键。运动员需要敏锐地观察对手的动作和意图，准确判断出手的时机。这需要运动员具备高度的专注力和准确的判断力。

最后，进攻与防守技战术的选择是击剑比赛中的核心。运动员需要根据比赛形势和对手的特点，灵活运用各种技战术手段，以取得比赛的胜利。这需要运动员具备丰富的比赛经验和战术素养。

因此，在击剑教学与训练活动中，教师应该注重培养运动员的身体控制能力、反应速度、专注力、判断力和战术素养，同时，教师还需要深入研究击剑运动的内在规律和特殊风格，以制订更加科学、合理的教学和训练计划，这样，教师才能够帮助运动员在比赛中更好地发挥其潜力，从而取得更加优异的成绩。

一、步法移动

步法移动在击剑运动中至关重要。步法移动并非仅是身体下肢的简单位移，而是需要身体各环节的协调配合，以达到快速、隐蔽和平稳的效果。这种位移方式对于在击剑比赛中控制距离和捕捉时机至关重要[②]。

---

① 孟兆华,刘建军.浅析击剑运动员在比赛中把握"时机"的能力[J].辽宁体育科技,2017,39(6):126-128.
② 胡海旭,王中迪,金成平,等.精英击剑运动员竞技能力特征及训练策略——基于系统综述与验证性实践的整合[J].体育学研究,2024,38(2):12-27.

隐蔽步法移动和明显紧逼步法移动是两种截然不同的移动方式,这两种方式具有各自的独特作用和目的。隐蔽步法移动需要运动员通过手上动作的干扰和隐蔽性接近对手,旨在攻其不备,突然发动进攻[①]。这种步法要求运动员的动作具有出色的隐蔽性和欺骗性,要求运动员能够在对手不经意间接近目标并创造进攻时机。

相比之下,明显紧逼的步法移动则更加直接和强势。该步法通过夸张的紧逼步法和强烈的心理压迫感,迫使对手因紧张和压力而犯错。这种步法要求运动员具备强大的心理素质和稳定的技术发挥能力,要求运动员能够在高强度对抗中保持冷静并抓住对手的漏洞。

在击剑教学与训练中,教师应该注重培养运动员的步法移动能力,通过科学的训练方法和有针对性的练习,帮助运动员掌握不同步法移动的特点和技巧,提高运动员在比赛中的灵活性和应变能力。同时,教师还需要根据运动员的个体差异和比赛需求来制订个性化的训练计划,以达到最佳的训练效果。

总之,步法移动是击剑运动中的核心要素之一,对于运动员在比赛中的表现具有重要影响。通过加强步法移动方面的训练和提高运动员的技术水平,教师可以帮助运动员在比赛中取得更好的成绩。

二、接近对手

在击剑比赛中,接近对手是每个交锋环节的开始,而步法移动则是实现这一目的的关键。步法的变化规律直接影响着参与者的技战术发挥,因为通过调整步法的大小、快慢以及结合手上的试探性动作,运动员可以创造出适合自己的进攻或防守距离。

接近对手既有主动性的情况,也有被动性的情况。在主动接近时,运动员需要保持高度的警惕性和灵活性,随时准备应对对手的反应;而在被动接近时,运动员则需要更加小心谨慎,避免陷入对手的陷阱或受到对方的突然攻击。

针对对手的打法特点,坚守"以我为主"的战术理念非常重要。这意味着运动员需要根据自己的技术特点和比赛风格来制订战术计划,并在比赛中灵活调整战术。当对手采用进攻打法时,运动员需要利用步法移动来保持防守还击或反攻的距离,避免对手突破有效距离并获得进攻机会。同时,运动员还可以利用手上的试探性动作来干扰对手的进攻节奏和判断。

当对手采用防守打法时,运动员所采用的接近策略则需要更加谨慎和耐心。运动员需要通过步法移动来逐渐压缩与对手的距离,并观察对手的反应和动向。在接近过程中,运动员需要时刻保持警惕,防止对手突然发动进攻或进行反击。

---

① DEFREITAS R. Do deceptive and disguised movement behaviours exist in actual soccer match play and does their use indicate elite performance? [J]. international journal of performance analysis in sport, 2015, 15(3): 1047-1064.

接近对手在击剑比赛中具有至关重要的作用。运动员需要通过科学的训练和灵活的战术应用来提高步法移动能力,并在比赛中根据对手的打法特点来制订有效的战术计划去接近对手,如采用假向后、真向前的战术接近对手或者假向前、真向后的战术拉开距离进行防守等,只有这样,运动员才能在比赛中取得更好的成绩。

三、捕捉时机

"时机"在击剑比赛中是一个至关重要的因素。对时机的捕捉需要运动员具备高度准确的判断力、敏锐的观察力和快速的反应能力。正如俗语所说,"机不可失,时不再来",一个瞬间的犹豫或失误都可能导致比赛的失利。

在捕捉时机时,运动员需要综合考虑多个方面的因素,包括距离、动作和精神状态等。通过观察对手的步法、手上动作和肢体动作,运动员可以探寻对手的习惯动作和漏洞,从而制订相应的攻击策略。同时,运动员还需要关注对手注意力分散的时机,抓住这些短暂的空隙进行攻击。

除了观察对手,运动员还需要通过自身的行动来创造时机。这要求运动员具备出色的技术水平和战术意识,能够在比赛中灵活运用各种技术和战术手段,制造出对自己有利的进攻机会。

然而,捕捉时机并非易事,过于敏感或过于急躁都可能导致运动员出现失误,因此,运动员需要具备丰富的比赛经验和良好的竞技水平。在训练中,运动员需要不断加强注意力训练,提高自己的专注力和抗干扰能力。同时,运动员还需要通过模拟比赛和实战演练来积累经验,提高自己在关键时刻把握时机的能力。

捕捉时机是击剑比赛中非常重要的一环。运动员需要通过全面的观察、灵活的战术和丰富的经验来不断提高自己的时机捕捉能力,从而能够在比赛中取得更好的成绩。

四、选择动作

在击剑运动中,对于动作的选择和时机的把握是取得胜利的关键。鉴于击剑技术动作的丰富性和战术意图的多样性,运动员需要根据对手的情况和自身的特点,合理组合技术动作,形成有针对性的作战体系。

在动作的选择上主要有进攻和防守还击两种类型。进攻行动要求运动员能够敏锐地觉察对手的弱点,利用对手动作迟疑、联合防守、被动后退等时机,采用简单或复杂的进攻方式,以最简单、最经济的动作达到最理想的效果。同时,运动员在进攻时还需要注意保持交锋的连续性和强制性,确保己方的进攻能够持续不断地向对手施加压力。

防守还击行动则要求运动员首先运用距离防守、武器防守、体位防守等方式避开对手的攻击威胁。在防守成功后,运动员需要根据对手的具体情况,实施多方位、多路线的反击动作。防守还击时,运动员同样需要保持连贯性的作战思路,确保防守还击的连续性和有效性。

除了对动作的选择外,击剑运动还要求运动员掌握完善的多意图作战体系。在比赛中,运动员需要根据不同的比赛环境和对手情况,灵活调整己方的攻击意图和防守策略。并不是每一次的进攻都旨在得分,也不是每一次的防守都一定能够成功。因此,运动员需要时刻保持清醒的头脑和敏锐的洞察力,观察对手的表现并联想到下一个反击行为,以确保自己在比赛中始终处于主动地位。

击剑运动要求运动员具备高超的技术水平、敏锐的洞察力、完善的作战体系和连贯的作战思路。只有在这些方面不断锤炼和提高自己,运动员才能在激烈的比赛中脱颖而出并取得胜利。

五、剑的交锋

在击剑比赛中,技战术决策与身体及武器的配合是密不可分的。运动员确定了技战术后,他们就需要通过身体与武器的协同运动,力求以剑刺中对手并有效得分,这就是剑的交锋。交锋并非仅是武器间的简单接触或碰撞,而是包含了丰富的战术意图和技术组合动作。

在交锋过程中,双方一旦进入有效攻击距离并抓住有利时机,就会立即对场上状况进行分析并采取攻击行动。此时,武器的交锋成为最根本的对抗方式。剑的交锋不仅包括两把剑相碰、相缠、相绕等形式的武器接触,还涉及关闭击剑线路、破坏对手击剑线等战术手段。这些行动的主要目的是获取武器的有利交锋格斗点和时机,延缓对手的动作时间,打乱对方的节奏,破坏对手的剑感,以实现击中对手的战术目的。

在双方没有武器接触的情况下,要想先击中对手,就需要利用制造假象、利用对手的心理弱点和控制比赛节奏等手段使对手的判断失误且行动受限。同时,参与者需要具备高度的规则意识和战术素养,通过深入了解比赛规则、灵活运用战术手段以及采取有效的实施策略,在比赛中取得更好的成绩。

在交锋过程中,剑的运行轨迹和对时机的把握也是至关重要的。运动员需要用最短的路线、最近的距离和最短的时间去接近对手的有效部位。盲目运动或运动能力有限都会导致剑的运行幅度过大,从而造成明显的失误,给对手留下可乘之机。

剑最终刺中对手的有效部位是否能得分,还取决于刺的准确性、用力的大小和节奏的运用是否恰当。太快、太敏感可能会让对手察觉并逃脱,而太慢、太犹豫则可能让对手完成攻击行动。因此,运动员在交锋过程中需要保持冷静、果断和敏锐地判断。

在交锋过程中,如果出现失误或处于不利局面,运动员还需要及时采取补救措施。这些措施可能包括延续攻击、反防守或转入近距离动作等。通过合理的补救措施,运动员可以扭转不利局面并争取更好的比赛结果。

六、交锋终止

交锋终止及其结果是击剑比赛中非常重要的一环。其实,交锋的终止不仅仅依赖于是否刺中对手,还受到交锋自然终止或规则所要求中断比赛的情况等多种因素的影响。

刺中对手虽然标志着一次交锋的结束,但并不意味着立即得分。裁判会根据比赛规则,综合考虑多种因素,如主被动权、是否出现违例情况等,判断刺中是否有效,并决定是否得分。因此,运动员在比赛中不仅要追求刺中对手,还要确保自己的动作符合规则要求,以避免因违例而失去得分机会。

此外,一次交锋的结果并不代表整个比赛的结束。在击剑比赛中,交锋是连续不断的,每一次交锋的结束往往都是新一轮交锋的开始。因此,运动员必须保持高度专注和警觉,认真对待每一次交锋,不断总结经验和教训,以提高自己的竞技水平。

在比赛中,运动员还需要学会在对手面前掩饰自己的弱点,并努力找出对手的弱点。这要求运动员具备敏锐的观察力和判断力,能够准确判断对手的意图和动作,从而制定出有效的战术和策略。同时,运动员还需要具备良好的心理素质和抗压能力,能够在紧张激烈的比赛中保持冷静和自信来应对各种突发情况。

有人说,"比赛好似演戏",在比赛中,运动员需要像演员一样全情投入,充分展示自己的技战术水平和心理素质。同时,运动员还需要不断学习和进步,胜不骄败不馁,知耻而后勇,才能在激烈的竞争中脱颖而出,最终获得比赛的胜利。

第二节　击剑运动的力学原理

在学习击剑的过程中,需要明晰击剑运动涉及的主要力学原理,以便掌握击剑的运动规律。击剑运动涉及剑的运动、力的应用以及角动量等力学相关概念。

一、剑的运动原理

击剑过程中最为直观的就是剑的运动及其轨迹变化,通过理解速度、加速度、角速度等力学概念,运动员可以更为科学地熟悉击剑、控制剑的运动走向。

1) 速度:剑的速度是指剑尖的位移距离与时间之比。通过身体的移动和手臂的转换可以加快剑的速度。一般来说,挥剑的速度越快,剑的攻击力就越强。

2) 加速度:剑的加速度是指速度的变化率。通过力的叠加来改变剑的速度,可以实现攻防的快速转换。一般来说,加速度与力的叠加成正比,与剑自身的质量成反比。

3) 角速度:剑的角速度是指剑尖在一定时间内绕自身轴线旋转的角度。可以通过控制手臂部位来改变剑的角速度,从而实现对剑尖精准灵活的控制。

二、力的应用原理

运动员在激烈的击剑对抗之中离不开对力的合理应用,其中,如何施加力量、平衡力量最为关键。

1）力的施加:运动员通过周身的综合运转对剑身与剑尖施加力量,从而改变剑的速度和方向。力的大小与方向对击剑的攻防结果有着直接的影响,因此,运动员在练习过程中应当熟练掌握好力的施加方法与技巧。

2）力的平衡:在击剑运动过程中,运动员只有保持好自身的平衡,才能保证剑的稳定运转与对身体的灵活调整。在训练与比赛过程中,运动员要善于运用力的平衡原理,将力量均衡分配在身体各部位以及手持的剑上,确保攻防的合理转换。

三、角动量原理

一般来说,角动量是质量和角速度的乘积,用以描述旋转物体的运动状态。

在击剑过程中,运动员可以通过身体的协调运转施加力量,以此改变剑的角速度和方向。掌握角动量的概念对于运动员更好地控制剑的方向和力量具有重要价值,能够帮助运动员实现更为精准与灵活的进攻与防守。

如前文所述,击剑的力学原理涉及剑的运动、力的应用以及角动量等多个方面的内容。通过结合技术和力量训练来掌握这些原理,运动员可以在日后的比赛中取得佳绩。

第三节　击剑运动的生物学原理

任何运动都离不开人本身体内的生物作用,了解击剑的生物学原理能够帮助运动员理解击剑运动过程中的内在机制,促进其对击剑技术、技能的掌握。击剑运动的生物学原理主要涉及人体运动学、生物力学以及神经生理学等。

一、人体运动学原理

在击剑运动过程中,运动员需要快速做出步伐移动、进攻刺剑、防守挡剑等反应,这就需要运动员适时做出准确控制身体各部位的动作。因而,击剑运动要求运动员具备极高的身体协调性和灵活性,这样他们才能适应形势多变的赛场。具体来说,击剑运动中的动作涉及肩、肘、腕等关节以及腰腿部的肌肉等多个关节和肌肉群的协同工作。通过系统性的科学训练,运动员可以加强多关节和肌肉群的协同配合,进一步提高动作的精准度。

二、生物力学原理

上节已介绍了击剑运动的力学原理,而击剑运动中的生物力学原理也十分重要。了解人体在击剑运动中的变化,主要是研究身体姿势与关节角度、力的传递与集中以及肌肉用力与稳定性几方面,这样可以帮助运动员更加深入、具体地感知击剑运动中的技术、技能。

1)身体姿势与关节角度:在击剑运动中身体姿势至关重要,它决定着整个人体在完成击剑动作及用力时的身体状态,以及力的相互作用状态。因此,科学合理的身体姿势对技术效果具有重要影响。此外,在击剑运动中,关节角度的大小直接影响着屈伸关节周围肌力的发挥,适宜的关节角度可以使运动员控制好动作的幅度、减少做功时间以及合理运用动作的空间因素。击剑中的实战姿势是基本的身体姿势,正确的实战姿势对启动、移动和进行进攻与防守时的距离、时机等会产生重要影响。

2)力的传递与集中:在击剑运动过程中,身体各部位有着不一样的分工与合作,不同部位的功能表现与活动形式各异。需要特别注意的是身体各环节的配合形式以及做功时的动力链顺序,这样运动员才能高效合理地将身体各环节叠加的力量传递或集中于剑尖或剑身上,从而实现有利的进攻或有效的防守。关于击剑刺出时的动力链顺序,需要特别指出的是,个体通过腿部蹬地、腰部扭转等动作产生力量,然后借助手臂和手腕的配合将这些力量层层传递至剑尖上,从足部到剑尖包含多个链条之间的配合,运动员需要通过科学的练习掌握力的传递次序。同时,运动员还需要合理地调整身体姿势和关节角度来优化力量的传递路径,从而提高运动表现效果。

3)肌肉用力与稳定性:在击剑过程中,运动员只有保持好肌肉的稳定用力,才能平稳地控制住剑尖的方向和速度,因此,肌肉用力的稳定性对击剑技术动作的精细控制和质量有着重要影响。例如,在击剑动作中特别注重手脚配合的弓步刺,为了达到准确击中对手有效部位的目的,要求伸臂的速度快以及腿的后蹬用力大。

三、神经生理学原理

在击剑技术学习、技能形成的过程中,除了要掌握动力链顺序之外,运动员还要在脑部深层形成较为完善的神经突触,以便更快速地根据需要做出具体的攻防动作。因此,运动员有必要了解击剑运动所涉及的神经生理学原理,主要包括反应、决策、记忆等相关内容。

1)反应速度与决策能力:击剑运动要求参赛选手在赛场上根据对手的动作瞬间做出反应与决策,这就要求运动员在平时的训练中要提升观察对手动作和意图的能力,能够迅速做出判断并采取相应的行动。运动员可以反复练习特定的击剑动作和进行场景模拟,优化神经系统的信息处理过程,以此提高反应的速度以及决策的能力。

2）运动技能的学习与记忆：击剑运动包含复杂多样的技战术配合动作，对于这些内容的学习过程主要涉及神经系统的记忆和塑造功能。只有在经年累月的科学训练和精益求精的练习基础上，才能在神经系统中形成稳定有效的运动记忆模式，从而帮助运动员在赛场上精准地执行动作，最终获得预期的赛事成绩。

第四节　击剑运动的学习原理与特色

任何运动都有其自身较为独特的运动体系，这也是在学习不同运动项目的过程中要明确的内容。击剑是一项结合技术、策略和身体素质的竞技运动，除了要掌握击剑运动涉及的独特技巧之外，运动员还要理解其背后的原理和特色。

一、学习原理

（一）基本姿势与动作

正确的站位和步伐是击剑运动的基础，其中包括"基本姿势"（en garde）和前进、后退等步伐。这些基础性动作犹如大树之根基，运动员只有掌握好了基础性动作才能更深入地学习后续的复杂技术。

（二）体能训练

击剑运动对参赛选手身体素质的要求很高，其中包括力量、速度、协调性和灵活性等方面。在多维度力量中，移动速度、转化速度、突击速度等速度素质是关键，支撑力量、平衡力量等力量素质尤为重要，此外，耐力素质也对动作表现产生重要影响[①]。因此，在运动员平时的学习、训练过程中，针对性的体能训练必不可少。

（三）技术与战术

击剑的技术动作丰富多样，如刺击、截击、挡击等进攻性技术。同时，在击剑的对抗过程中，战术意识至关重要。因此，击剑学习特别注重对战术意识的培养，要求运动员能够根据不同的形势选择适宜的攻击方式和防守策略，其中也包括观察对手的动作并做出相应反应的方法与技巧。

（四）心理素质

俗话说，"狭路相逢勇者胜"，在有限的击剑赛道上进行对抗，不仅仅需要全面

---

① 刘大庆，张莉清，周爱国，等.我国潜优势项目特点及制胜规律的研究[J].北京体育大学学报，2012，35（11）：107-114.

的技战术,还考验着参赛选手能否冷静、专注、快速反应等心理素质①。比赛中选手的心理状态常常决定其胜负,因此,在平时的训练中,运动员应对心理训练加以重视。

二、学习特色

(一) 个性化训练

一般来说,不同的运动员会因自己的身体条件、训练过程和个性特质形成独特的运动风格,这就需要"因人而异",即根据选手的特点制订个性化的训练方案。

(二) 高强度的对抗性

击剑比赛强调参赛双方、器材的直接对抗,因此,运动员在学习过程中必须要进行实战演练,在检验技术、提升技能的同时,还能进一步强化运动员的应变能力和心理素质。

(三) 规则与裁判

击剑运动有其特定的竞赛规则和裁判标准,理解比赛的规则不仅能帮助运动员在激烈的对抗中合理应对,还能提升运动员的战术思维,使运动员做出更适宜的决策。

(四) 文化与礼仪

击剑有着深厚的历史文化积淀,击剑运动所传承的骑士精神传统十分注重礼仪规范②。因此,学习者在掌握技术的同时,还需系统地了解击剑的历史、文化及相关礼仪,这些也是击剑的内蕴价值所在。

三、击剑运动与心理健康

通过系统的学习和训练,击剑运动不仅有助于人们提高身体素质,还能帮助人们增强心理素质和战术意识,是一项综合性的竞技运动。击剑运动不仅对运动员的身体素质有较高的要求,还对其心理健康提出了严峻的挑战。击剑比赛的特点是节奏快、对抗激烈,这就要求运动员在比赛中需要具备极强的心理素质和自我控制能力。

击剑运动对学生的心理健康提出了很高的要求。通过科学的心理训练和有效的应对策略,学生在比赛中的表现和心理健康水平可以得到显著提高。因此,心理训练

---

① 汤翠翠.击剑的专项心理特征及心理调控方法综述[J].四川体育科学,2009(4):42-46.
② 陈熙.西欧骑士教育与中国武举教育比较研究[J].陕西学前师范学院学报,2016,32(11):144-148.

应成为学生日常训练的重要组成部分，以确保他们在比赛中能够发挥出最佳水平。

在现代社会，心理健康的重要性不言而喻，其中，科学运动对焦虑及负面情绪能起到一定缓解作用。花剑技术和优先裁判权强调主动意识，可帮助人们培养积极主动的思维和情感，体育锻炼能直接给人带来愉快和喜悦感，并能减缓紧张和不安，这些积极的思维和情感对抑郁、焦虑和困惑等消极的心境具有抵抗作用。每天进行有规律的运动，不仅可以帮助人们缓解各种焦虑与抑郁的情绪，还能防患于未然，有效抑制大脑不断产生消极悲观的想法。有证据表明，通过锻炼，人们能够有效获得对焦虑状态的控制能力①。

（一）击剑与心理幸福感

第三届欧洲击剑研究研讨会（The Third European Research Seminar on Fencing）于 2016 年 6 月在克罗地亚萨格勒布和里耶卡举行，会议探讨了不同运动和心理特征对年轻击剑运动员学校成就和心理幸福感的贡献。该研究收集了来自克罗地亚的 110 名击剑学校项目参与者的数据，其中男生 79 人、女生 31 人，平均年龄为 12.82 岁（标准差 1.42）。通过对击剑技能的多项评估，研究获得了有关击剑技能的两项独立维度。心理功能通过自我评估问卷进行测量，将情绪能力、情绪智识、自我控制、情绪和行为问题以及总体满意度几个方面作为心理幸福感的衡量标准。该研究揭示了击剑运动技能和自我控制在提升青少年心理健康和学业表现中起到的重要作用，不仅为击剑运动教学中的心理健康教育提供了科学依据，也为其他体育项目的心理健康干预措施提供了参考。

（二）通过心理训练提升击剑比赛表现

心理训练应与技术、战术训练同步进行，并遵循周期化的基本原则。教师应根据运动员在不同阶段的准备程度和心理反应调整训练强度和负荷量，以培养运动员的竞技状态。在运动心理学中，目标设定是一项重要的技巧。通过设立明确的短期和长期目标，运动员可以保持专注并逐步实现这些目标，从而提升自信心和比赛表现。深呼吸、冥想等放松技巧可以帮助运动员在比赛中减缓压力、保持冷静。其他技巧还包括渐进式放松、积极自我谈话、回忆成功的场景等。

在情绪管理训练中，运动员需要学会如何快速调整情绪，重新集中注意力。教师会教授各种情绪管理技巧，如放松训练和情绪释放，以帮助运动员在比赛中稳定发挥。通过自我暗示和表象训练，运动员可以在头脑中预演比赛过程，增强自信心并提升应对压力的能力。这种方法有助于运动员在实际比赛中更好地控制情绪和行为。通过模拟比赛环境，让运动员在高压气氛下进行训练，这种方式可以帮助运动员适应

---

① 姜媛,张力为,毛志雄.体育锻炼与心理健康：情绪调节自我效能感与情绪调节策略的作用[J].心理与行为研究,2018,16(4):570-576.

比赛中的紧张情绪,建立稳定的比赛节律,有助于运动员在真实的比赛中更加从容地应对。教师应与运动员进行有效的心理沟通,了解他们的心理需求和压力源,并提供相应的心理支持和指导。这不仅能够帮助运动员缓解心理压力,还能增强他们的比赛信心。

教师可以通过正向暗示和激励手段帮助运动员树立信心、克服比赛中的恐惧和焦虑情绪。例如,在训练中,教师可以不断强调运动员的优点和进步,给予他们积极的正向反馈。强化自我控制与自我调整的能力是大学生击剑运动员心理训练的重要内容。正向暗示和积极反馈的方法可以增强运动员的自我信念,帮助他们在比赛中保持冷静和自信。

对于击剑运动员来说,心理素质是其训练的一个基本组成部分,教师应运用各种心理影响手段来培养运动员的竞技状态。研究表明,通过引入注意力游戏、分段和整体协调练习,击剑运动初学者的执行速度、反应时间和灵敏度可以得到显著提高。例如,运动员利用已经掌握的完整单个动作或组合动作,尽可能快地对突然出现的信号做出应答反应,通过这种练习可以提高反应能力。

综合运用多种方法,不仅提升了运动员的专注力和反应速度,还增强了他们的心理素质,使其在激烈的对抗中保持情绪稳定和注意力的集中。因此,通过对以上多种方法的综合运用,击剑运动员的心理素质可以得到有效提高,从而能够在比赛中取得更好的成绩。

(三)击剑运动促进社会交往

击剑运动不仅能够帮助人们锻炼身体,提升应变能力、力量、灵敏性和柔韧性,还能促进新陈代谢、减脂塑形,让人容光焕发、专注高效。通过击剑训练和比赛,运动员可以培养自信心、勇气等良好的品质和社交能力。在与队友组队训练、实战的过程中,运动员有机会了解人与人交往的方式和规则,学会理解、照顾、分享、沟通、谦让、承担责任等各种人际关系技能。击剑能够使人在与对手的对抗中享受博弈的乐趣、释放压力、体验成功的快乐,这项运动可以刺激奋发向上的斗志和热情。此外,击剑还能够帮助人们建立良好的人际关系,培养齐心协力、团结奋进的团队意识。例如,英国击剑协会与 Crown Hills 学校合作,在校园内开展击剑运动,对学生的社交、沟通和领导能力产生了积极的影响。由此可见,击剑运动有助于建立良好的人际关系并对适应社会起到促进作用。

综上所述,击剑运动不仅是一项可以锻炼身体的活动,更是一个促进社会交往和团队合作的重要平台。通过参与击剑运动,运动员能够在竞技中学习到如何与他人合作,如何在竞争中保持公平和尊重,从而在日常生活中更好地应对各种社交场合。

第五节　击剑运动的制胜原理

一、击剑运动的制胜规律

击剑运动的制胜原理是复杂而多维的，涉及运动员的体能、技术、战术、心理和智能等多个方面。本书从以下几个角度探讨击剑运动的制胜规律。

首先，了解击剑运动的发展趋势和格局是理解其制胜原理的基础。随着击剑技术的不断成熟和比赛节奏的加快，运动员之间的竞争变得愈加激烈，这就要求运动员不仅要有出色的技术和战术水平，还需要有良好的心理素质和智能。此外，击剑运动的分类和竞技形式也对制胜因素有着重要的影响。

其次，制约与反制约的关系是击剑运动中的一个非常重要的概念。在比赛中，双方运动员都在试图通过自己的技术和战术来制约对手，同时也在努力反制约对手的发挥。这种关系存在于比赛的全过程中，并且受到多方面因素的影响。因此，能否在比赛中有效地运用制约与反制约的策略是决定比赛胜负的关键。

再次，击剑运动的制胜规律包括多个方面，其中，"准"与"主动"被视为制胜规则因素，这类因素不受外界环境及参与竞争个体的影响，在层次上高于能力因素。此外，动作部位、动作角度、动作力量等也是影响制胜的重要因素。在实际比赛中，运动员需要通过精确的动作控制和有效的攻防策略来实现制胜[①]。

最后，心理调控在击剑运动中占有非常重要的地位。运动员的心理状态会直接影响他们的表现，因此，在比赛中保持良好的心理状态、提高心理承受力是取得胜利的关键。此外，培养"时机感"也是提高击剑运动员技战术水平的重要手段。

综上所述，击剑运动的制胜原理是一个综合性的概念，涉及运动员的体能、技术、战术、心理和智能等多个方面。通过有效地运用制约与反制约的策略，以及提高自身的"准"与"主动"能力，运动员可以在比赛中取得优势。同时，良好的心理状态和对"时机感"的把握也是使运动员赢得比赛的关键因素。

二、击剑运动的制胜因素

（一）主体因素

击剑运动的制胜因素是多方面的，主体因素包括速度与变化、准确性和"时机感"、心理素质与战术运用以及技术与体能等。这些因素相互作用，共同决定了运动

---

① 王雁，王海滨.击剑制胜因素研究［J］.北京体育大学学报，2013，36（9）：125-128.

员在比赛中的表现和最终的胜负。

1）速度与变化：速度是击剑运动中的关键因素之一，其中包括反应速度、动作速度和位移速度。运动员需要具备快速移动的能力，以便在比赛中迅速接近对手并进行有效的攻击或防守。此外，变化也是击剑运动中不可或缺的元素，运动员需要通过灵活多变的战术来创造或捕捉"时机"，以求击中对手而获胜。

2）准确性和"时机感"：在击剑比赛中，准确性是决定胜负的关键。运动员必须能够准确地判断距离和时机，以确保每次攻击都能命中目标。同时，"时机感"是击剑运动员必须培养的重要技能，该技能涉及对比赛节奏的把握以及能够在正确的时间采取正确的行动。

3）心理素质与战术运用：击剑不仅是一场身体上的较量，更是一场心理战。运动员需要具备良好的心理素质，能够在压力下保持冷静并做出正确的决策。此外，合理的战术运用也是赢得比赛的关键，运动员需要根据比赛情况灵活调整战术，从而适应不同的对手和比赛环境。

4）技术与体能：击剑运动员需要具备高水平的技术和良好的体能，这包括对剑的控制能力、力量、耐力以及快速力量等。运动员还需要通过科学的训练方法来提高自己的技术水平和体能状况以应对高强度的比赛。

（二）客体因素

客体因素在竞技体育中的重要性不言而喻，其中包括基础制胜要素和环境要素两大类。基础制胜要素主要涉及信息要素、规则要素和管理要素，而环境要素则涵盖了更广泛的外部条件和影响因素。

1）信息要素：信息是竞技体育中不可或缺的资源，可以直接影响运动员的决策速度、准确性和稳定性。研究表明，顶尖组花剑和重剑运动员在决策速度上具有绝对优势，这与他们能够收集并有效处理大量信息密切相关。此外，信息量与认知风格对不同水平击剑运动员的决策能力有显著影响。因此，掌握和利用好信息对于提高竞技体育成绩至关重要。

2）规则要素：规则是保证竞赛顺利进行的准则，对规则的理解、适应和利用是运动员在竞赛中取得胜利的关键。研究显示，在击剑比赛中，"准"与"主动"为制胜规则因素。这意味着运动员不仅要准确执行规则，还要能够根据比赛情况灵活应对，展现出主动进攻的能力。

3）管理要素：有效的管理是确保在竞赛中取得好成绩的重要条件。这包括参与者的思想政治教育、对文化学习的管理、对训练和比赛的管理等多个方面。所有的管理都是为了使参与者能够具有较高的品德素质、知识素质和能力素质。

除了上述基础制胜要素外，环境要素也对竞技体育成绩有着不可忽视的影响。例如，裁判员评分有着决定性的影响，而由教练员、运动员、裁判员和评分规则构成的主导制胜因素，以及举国体制、后备人才培养、科研训练、管理等从属制胜因素都是影响竞技体育成绩的重要环境要素。

客体因素在竞技体育中的作用不容小觑。通过深入分析和理解这些因素，运动员可以制定出更为科学、系统的训练和比赛策略，从而在激烈的竞技体育比赛中取得更好的成绩。

问题与思考

1. 运用击剑运动环节理论分析自己的一场比赛。
2. 运用击剑运动制胜原理分析自己的一场赛事。

第三章 花剑的技术与战术

第一节 花剑的基础动作

1627年,法国国王路易十三的宰相黎塞留为了减少决斗带来的伤亡和上流社会的警觉与恐慌,发布禁令禁止决斗。尽管如此,决斗之风并未平息。为了在不伤害人的前提下满足人们对击剑的需求,人们设计了一种新型的剑——花剑。花剑,英文是foil,直译为"薄片",取其剑身轻薄之意;法语中的fleuret是fleurette(小花)的阳性单词,中文直译为"花剑"。这种剑的特点是轻巧、剑身呈四棱状,并且剑尖用皮条包成像"花"的蓓蕾一样的皮头。这种花剑的设计既能用于练习剑术,又不会造成实际伤害,从而成为一种既能满足决斗又安全的武器,很快受到了广泛欢迎,并在欧洲大陆风靡开来。花剑在3个剑种中属基础剑种,该剑种刺中面积小,剑身轻便,技术细腻,交锋激烈,突出技术和战术的技巧性。

一、实战姿势与握剑方法

(一)实战姿势

法语中en garde直译为"实战姿势",这是击剑运动中特有的姿势,是击剑运动员开始准备进行战斗的姿势,一切击剑活动都是在这样一个特定姿势下开始进行的,根据各剑种技术和战术的特点和实战需要,实战姿势各有不同。

在击剑的实战姿势中,运动员暴露最少的有效部位,使对手不易击中自己,而且使自己更加灵活,能够随时向任意方向移动,也能随时进行攻防转换。合理的实战姿势要以生物力学原理为依据,从击剑一对一激烈对抗的特点出发,以辩证的观点加以认识。实战姿势的个体差异较大,在复杂多变的交锋中,随着交战双方的距离、节奏、时机发生变化,出于战术动作的需要,实战姿势也需要不断微调。正确的花剑实战姿势有助于初学者建立正确的动力定型,使动作规范化才会为后续的学习打下坚实的基础。花剑姿势及有效击打部位图如图3-1所示。

1. 姿势要点

1) 脚的位置:右脚在前,右脚尖向前方;左脚在后,左脚跟垂直于右脚跟的延长

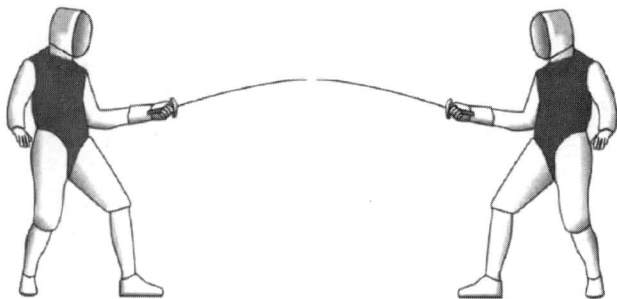

图 3 - 1　花剑姿势及有效击打部位图

线上,左脚尖向内。两脚呈直角,两脚之间的距离为一脚半,约与肩同宽。

2）腿的位置:前腿膝盖在前足背的垂直线上,膝角约为 120 度,踝角约 60 度;后腿膝关节在后脚尖的垂直线上,膝角约为 140 度,后蹬角约 50 度。身体重心位于两脚之间。

3）持剑臂的位置:持剑臂手心向内斜上方,剑身与前臂在同一直线上,剑尖与自己的肩部同高,且指向对手第三部位①,肘关节角度约 120 度,离身体右侧约 10 厘米,上臂与躯干保持在同一纵面上。

4）非持剑臂的位置:非持剑臂于体侧弯曲自然抬起,手腕自然放松。保持 3 个 90 度:手与小臂呈 90 度,小臂与大臂呈 90 度,大臂与躯干呈 90 度。具体来说,对于手、小臂与大臂之间,以及大臂与躯干之间,并不严格要求保持 3 个 90 度,但确实需要保持一定的角度以维持身体的自然与放松状态,同时也能确保动作的灵活性和协调性。通常,非持剑臂的上臂与躯干约呈 70 度角,前臂与上臂约呈 80 度角,这样的角度有助于运动员在比赛中快速调整姿势,进行攻防转换。

5）头与躯干的位置:躯干挺直略含胸,两肩自然放松,约 45 度。头部正直,面向前方对手,两眼平视前方。

2. 实战姿势方式

击剑比赛中的姿势并不是一种永恒不变的姿势,而是应根据不同的战术有所变化。因此,花剑的实战姿势包含以下几种:进攻式实战姿势、防守式实战姿势、反攻式实战姿势、低手持剑姿势和高手持剑姿势。

运动员呈实战姿势时,持剑臂要弯曲、放松。肘部最好距离躯干 10 厘米,剑处于第六部位,手部位置自然,拇指在剑的手柄上方,但动作不要夸大。运动员呈实战姿势时,非持剑臂在比赛过程中的作用很大。初学实战姿势时,运动员的非持剑臂可保持 3 个 90 度。从保持身体平衡来说,非持剑臂的姿势有助于隐蔽身体,减少身体的暴露面,非持剑臂的动作主要在弓步时发生作用,其动作可帮助运动员有效地还原回

———————————

①　见本节握剑方法中有效部分的划分。

实战姿势。总而言之,实战姿势除了上述各种应用价值外,还能体现击剑运动的美学价值,这一姿势应该是既美观又实用的。

3. 易犯错误

1）重心未在两脚之间。

2）膝盖与脚尖未在一条线上,导致两膝内扣或外翻。

3）躯干前倾或腰背紧张,身体方向太正或太侧而影响前腿膝关节内扣。

4）持剑臂前臂、上臂与躯干未在一纵面上,肘关节过于外展,暴露有效部位过大。

4. 教学方法

1）分解教学,示范讲解。教师两脚跟并拢,身体向左转体,右手握剑置于身体右侧。前脚向前迈出,两脚之间的距离同肩宽,身体重心处于两脚之间。膝盖沿脚尖方向屈膝弯曲,两臂自然抬起成持剑姿势。

2）镜面教学法是教师通过在镜子前进行动作演示和分解,帮助学生正确理解和执行击剑动作。这种方法特别适用于初学者或需要精确指导的击剑学习者。初学者对镜站立,先徒手呈实战姿势站立,教师重点纠正其徒手实战姿势的脚下与重心动作,可以观察其动作正确与否;随后初学者持剑呈实战姿势站立,由此可以帮助其巩固实战姿势,培养正确的感知觉。

3）同伴学习法（peer learning）是击剑学习过程中的一种常见的学习方法,是通过学生之间的互动来改善击剑学习效果的合作学习方式。这种学习方法强调学生在没有教师直接指导的情况下,通过彼此的交流和合作来提升知识掌握和技能发展效果。具体方法是:两人分组练习,一人做动作,一人对动作进行纠正,在纠正过程中强化对动作标准的准确理解。

（二）握剑方法

握剑方法即用手握剑柄的方法,本书以右手持剑为例进行讲解。掌握正确的握剑方法是学习击剑技术的基础与先决条件,其目的是使运动员便于使用握力控制剑身和剑尖进行格斗。

1. 剑柄形状

在击剑运动中,由于受传统击剑技术影响而形成派别的关系,剑柄的构造主要有两种形式。常见的花剑手柄有比利时枪柄式与法国直柄式（见图 3-2）,这两种剑柄都是根据参与者的手型及手的大小来设计并运用的,其打法与持剑方法也逐渐发生了演变。目前,各国击剑运动员握剑主要分为直柄与枪柄两种,以枪柄握法居多,但也有少数重剑运动员使用直柄剑。手柄有左右之分,枪柄也有形状变化,但持剑的方法大体相同。

击剑时,不管是采用哪一种握剑方式,必须以贴合手型发力为原则,以适合自身打法为基础。握剑是击剑运动开始的第一步,正确握剑有利于在击剑交锋中合理发

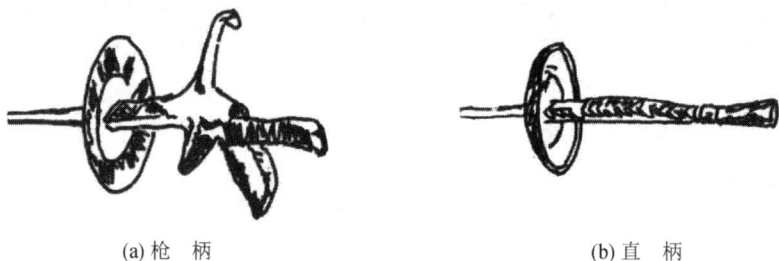

(a) 枪 柄   (b) 直 柄

图 3 - 2　花剑手柄

力,对控制剑而言非常重要。使用枪柄或直柄要根据个人手腕力道的承受能力来选
择:枪柄较为省力和容易发力;直柄可以调整前后位置,需要较大力量。

2. 枪柄握剑要领

持剑时,拇指与食指是控制器,运动员主要依靠大拇指和食指控制剑。握剑时,
以虎口贴住枪柄上沿,大拇指和食指微屈相对握捏,食指与拇指握住剑柄的上下面,
中指、无名指、小指压紧手柄,使剑柄压柄置于手掌根的中线。拇指弯曲,与食指第一
指节相对,中指、无名指与小指贴合剑柄侧面的轮廓,处于掌心与剑柄之间。剑柄的
平衡锤靠近掌根中线,掌心与剑柄之间留有空隙,不要握得太紧。枪柄握剑方法如图
3 - 3(a)所示。

3. 直柄握剑要领

直柄握法之一:以拇指第一节按压在剑柄上方距护手盘1厘米处,食指与拇指相
对握于剑柄下方距护手盘1厘米处,其他三指第一关节勾住剑柄,手心空握,如
图 3 - 3(b)所示。

直柄握法之二:食指伸直,贴于手柄侧方,以拇指第一节按压在剑柄上方,中指第
一指节与拇指相对握捏在剑柄下方,其他两指第一关节勾住剑柄,手心空握。

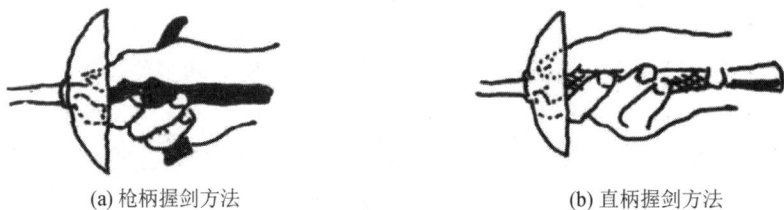

(a) 枪柄握剑方法   (b) 直柄握剑方法

图 3 - 3　握剑方法

4. 易犯错误

掌心不空,与剑柄之间没有空隙,形成大把抓握剑柄的情形而失去用手指控制剑
身、剑尖的能力。

5. 有效部位的划分

为了便于进攻或防守中有效部位的攻防教学,在花剑中将身体的有效部位划分

为八个部位,每个部位对应一个进攻点与防守动作。如果将人体躯干的正面用两根相互垂直的轴线划分成四个部位,则:持剑手臂一侧上部为第三部位(或称第六部位),下部为第二部位(或称第八部位);另一侧的上部为第四部位(或称第五部分),下部为第一部位(或称第七部位)。相对应的部位就是进攻与防守点的部位。花剑运动中,第四部位和第六部位运用较多,相对应的防守动作也应加强。花剑有效部位正面、侧面划分示意图如图 3-4 所示[①]。

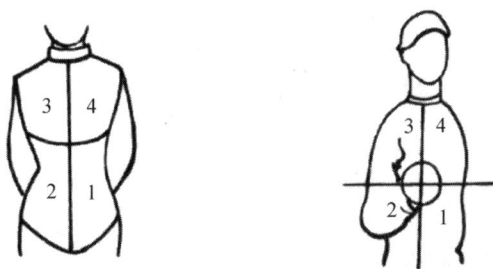

图 3-4　花剑有效部位正面、侧面划分示意图

二、单一步法

(一) 向前一步

向前一步动作示意图如图 3-5 所示。

向前一步动作
学习二维码

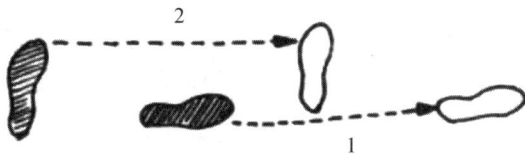

图 3-5　向前一步动作示意图

1. 前脚动作

前脚尖略微抬起,前脚随小腿向前迈出一脚距离,然后脚跟先着地,过渡到全脚掌落地。可以简单记为"翘起前脚尖,摆小腿向前移动一脚掌,脚跟先着地,过渡到全脚掌"。

2. 身体重心

前脚向前迈出的同时,躯干随之前移,重心保持在两脚之间。由实战姿势开始,躯干不动,在执行步法时,身体重心应保持稳定。

---

① 林永升.高等学校击剑教学法[M].北京:人民体育出版社,1996:11.

3．后脚动作

后脚随前脚向前迈出，后脚以前脚掌内侧蹬地，后脚离地面前移，不要拖地向前，迈出距离与前脚相同。

4．同步完成

前脚掌着地的同时后脚跟进落地，两脚动作同步完成。注意后脚移动时要离地向前挪动，不要拖地向前。前后脚的动作应保持同步。

5．易犯错误

学生易犯的错误包括前脚尖没有抬起、膝盖前移、躯干前移过慢、后脚蹬地过迟或前移过慢、大腿内收或外翻等。教师若教学方法得当，可通过讲解、示范、指导、纠正错误等教学方法使学生掌握一定的击剑技术动作。

6．教学方法

教学方法包括分解教学法、原地前脚伸（背屈）脚尖练习、移重心练习、后脚脚后跟后蹬前移练习和完整练习。

集体练习和看手势练习，以及前述讲解、示范、指导、纠正错误等教学方法都被广泛应用于击剑步法教学中。

综上所述，击剑步法中向前一步的动作要领涵盖前脚、身体重心、后脚的动作细节，教师在教学过程中，要对易犯错误多加注意，通过有效的教学方法指导学生进行练习。

（二）向后一步

向后一步动作示意图如图 3-6 所示。

向后一步动作学习二维码

1．后脚动作

后脚稍提起并贴地面向后移一步（约一脚的距离），全脚掌着地。

2．身体重心

前脚全脚掌蹬地的同时，躯干随之后移，重心保持在两脚之间，无蹦跳感。

图 3-6　向后一步动作示意图

3．前脚动作

后脚后退时，前脚以全脚掌向前蹬地，前脚紧接着向后移动，同后脚后移距离相同，然后前脚全脚掌落地。

4. 同步完成

后脚全脚掌着地同时前脚跟进落地,两脚动作同步完成。注意控制身体的重心和姿势,避免因为动作过快或过猛而失去平衡。

5. 易犯错误

1)前脚蹬离地面后,小腿回收不及时。正确动作则是,前脚蹬离地面后,小腿应积极回收,但有时动作不协调或力量控制不当会导致小腿回收不及时。

2)前脚后移落地时,脚尖先着地。正确的步法应该是脚跟先着地,然后过渡到全脚掌着地,而不是脚尖先着地。

3)后脚后移时,后腿伸得过直。在需要发力的时候,如果膝盖处于伸直状态,可能会影响后续动作的执行,因此,正确动作应是后脚后移时避免过度伸直。

4)重心摇晃、移动不稳。正确的方式是在进行跃步等动作时,应控制好重心,各关节放松,以避免身体摇晃和重心不稳的问题。

6. 教学方法

1)分解教学法:教师后脚向后迈出,前脚掌点地,重心后移,辅助学生练习并进行讲解示范。

2)原地重心移动练习:保持上体姿势不变。

3)从实战姿势开始做向后一步动作的完整练习。

向前、向后一步动作在实战中主要用于保持和调整距离,这两个动作表面看来似乎没有威慑力,好像平淡且漫不经心,却是有效进攻和防守的前奏。几乎所有进攻的步法都是从这种移动开始的。有经验的运动员总是通过向前、向后移动来观察对手的意图、寻找破绽,为自己创造进攻的时机,因此,这种向前、向后一步的移动动作一定要做得平稳有节奏、有目的,而不能拖泥带水,起伏大,有跳动。

(三)向左一步

向左一步动作示意图如图 3 - 7 所示。

1. 动作要领(本书以右手持剑为例进行讲解, 左手持剑则动作相反)

1)先将后脚提起,向腹侧左方横跨一步;前脚跟上向内移动,相同距离。

2)眼睛平视前方,身体在移动中保持平稳,不宜摇晃。

2. 易犯错误

1)击剑运动中,在进行步法移动时,尤其是在向前或向后的移动中,保持身体重心的稳定是非常重要的。在向左一步时如果重心出现明显起

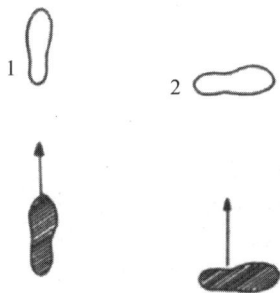

图 3 - 7 向左一步动作示意图

伏,将导致上身随之转动,从而影响动作的准确性和稳定性。正确的做法是尽量避免

重心上下波动，使重心平稳地过渡到两脚之间。

2）向左一步时，需要特别注意两脚的位置和方向。通常情况下，后脚应先离地，然后前脚跟进，以确保步伐的连贯性和稳定性。如果两脚的方向和距离不正确，可能会导致步伐不稳、移动不流畅，甚至出现拖地的情况，从而影响整体的实战姿势和动作效果。

3. 教学方法

（1）镜面示范法

镜面示范法是由教师面向学生做相反方向的动作，使学生能够清晰地看到动作的正确姿势。具体步骤如下：

1）预备式：呈实战姿势，左手持剑自然指向前，目视前方。

2）向左一步：教师先示范将右脚向右移动一步，左脚跟上，同时保持身体平衡，重心不要前倾或后仰。学生跟随教师的示范进行练习，注意动作的连贯性和稳定性。

（2）持剑在移动中做向左一步

在持剑状态下进行步法练习，要求持剑的手臂不可变形，握剑姿势要到位，移动时动作不可太大。具体步骤如下：

1）向前移动：右脚向前迈出，左脚跟进，保持身体平衡，重心不要前倾或后仰。

2）向左移动：将右脚向左移动一步，左脚跟进，保持身体平衡，重心不要前倾或后仰。在此过程中，持剑的右手手臂应保持正确的握剑姿势，避免影响身体的平衡。

（3）双人步法练习

双人步法练习有助于培养实战的距离感与节奏感。具体步骤如下：

1）跟随练习：两人一组，一人发出口令，另一人根据口令做出相应的步法动作。

2）相互配合：一方主动前后左右移动，另一方进行相反方向的移动，通过不断地配合和调整，双方提高步法的默契度和灵活性。

（4）注意事项

1）重心控制：在整个步法练习过程中，学生始终保持重心的稳定，避免前倾或后仰。

2）动作连贯性：要保持每个动作之间的连贯性，避免出现断断续续的现象。

3）安全意识：在进行双人步法练习时，两名学生应注意彼此之间的距离和位置的变化，避免发生碰撞。

（四）向右一步

向右一步动作示意图如图 3-8 所示。

1. 动作要领

先将前脚提起，向背侧方向横跨一步；后脚跟随，向外移动同样距离。

2. 易犯错误

与向左一步相同。

3. 教学方法

与向左一步相同。

(五) 向前跃步

1. 动作要领

前脚脚跟抬起,向前摆小腿。同时,后脚快速蹬
地向前跳跃一小步。动作完成后,两脚同时着地,继

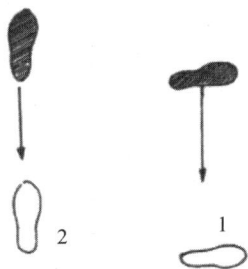

图 3 - 8　向右一步动作示意图

续保持实战姿势站立。在整个过程中,重心不宜起伏过大,尽量使重心平稳移动。要
注意控制摆腿的高度,避免过高。动作要保证速度和力度,确保快速接近对方。

2. 易犯错误

1) 向前跃步时,两脚未同时落地。在向前跃步时,前脚和后脚应该同时落地,以
保持动作的连贯性和稳定性。如果两脚没有同时落地,会导致动作脱节,影响平衡和
后续动作的执行。

2) 腾空过高,身体重心上下起伏过大。在向前跃步时,应尽量控制腾空的高度,
避免身体重心上下起伏过大,以保持身体的稳定性和移动的效率。

3) 身体重心前后倾斜,重心偏前或仰后。在进行向前跃步时,应保持身体重心
的稳定性,避免前后倾斜过度。正确的重心分布对于维持平衡和执行后续动作至关
重要。

3. 教学方法

(1) 对比教学法

教师指出向前跃步与向前一步的区别与联系,说明二者的用途与特点,讲解示范
动作要领。

这两种步法的区别与联系在于,向前跃步和向前一步在动作上有相似之处,但也
有明显的不同:向前一步是简单的直线移动,而向前跃步则包含了一个跳跃的动作;
向前一步通常用于平稳过渡或小范围移动,而向前跃步则用于快速改变位置或进行
攻击。

两种步法的用途与特点是:向前跃步主要用于连接弓步和冲刺步,可以迅速改变
方向和位置,常用于击剑中的快速移动和进攻;向前一步则适用于较为稳定和缓慢的
移动场景。

(2) 示范动作要领

抬起脚跟,向前摆小腿;同时,后脚快速蹬地向前跳跃一小步。两脚同时着地,应
注意,两脚着地要同一声音。

（3）前脚原地摆腿练习动作要领

原地站立，两脚并拢。抬起前脚，向后摆动小腿。小腿尽量向后伸展，保持身体平衡。摆动结束后，迅速收回前脚。

（4）完整做向前跃步练习动作要领

抬起前脚，向前摆小腿。后脚快速蹬地，同时前脚离地。两脚全脚掌同时落地成实战姿势。

（5）组合练习步骤

向前一步结合向前跃步练习。先做向前一步的动作，然后立即抬起前脚进行向前跃步。注意，在做向前一步时保持身体稳定，在做跃步时迅速发力。

向前跃步接弓步练习。抬起前脚，向前摆小腿，同时后脚快速蹬地向前跳跃一小步。落地后立即屈膝成弓步，右腿伸直支撑起身体的重量。

向前跃步接向前一步弓步练习。抬起前脚，向前摆小腿，同时后脚快速蹬地向前跳跃一小步。落地后，立即抬起前脚，再向前迈出一步，同时屈膝成弓步。

通过这些具体的教学方法和步骤，学生可以逐步掌握向前跃步的正确动作，并将其应用于实际的运动中。

（六）向后跃步

1. 动作要领

1）以实战姿势开始：这是所有步法动作的起点，旨在确保身体处于准备状态。

2）提后脚脚跟：在执行向后跃步时，需要将后脚的脚跟提起，这有助于提升摆腿的力量和速度。

3）快速向后摆腿：后脚抬起后，迅速向后摆动，这是跃步的关键动作，需要保证速度和力度。

4）前脚掌用力蹬地：在摆腿的同时，前脚的脚掌需要用力蹬地，以帮助身体保持平衡并提供足够的推动力。

5）向后跃一小步：在摆腿和蹬地的同时，身体会向后跃出一小步，这是跃步的最终目标。

6）双脚同时着地：完成跃步后，两脚应同时着地，这有助于维持身体的稳定性和平衡。

7）重心切勿起伏过大：在整个跃步过程中，重心需要控制好，避免过度地上下起伏，这有助于保持身体的稳定性。

8）控制摆腿高度：在执行跃步时，需要控制摆腿的高度，避免过高或过低，这有助于保持身体的平衡和协调性。

9）后退的动作要保证速度和力度：向后摆腿和蹬地的动作需要保证速度和力度，这有助于提升跃步的效果和效率。

2．易犯错误

1）蹬地不及时，两脚没有同时落地，动作时间过长。正确动作应是提起脚跟，向后摆小腿，同时前脚快速蹬地向后跳跃一小步，两脚同时着地，应注意，两脚着地要同一声音。如果两脚没有同时落地，说明蹬地动作不及时或力量分配不当。

2）身体重心上下起伏过大。正确的做法是，重心应沿水平移动，避免上下波动。如果身体重心上下起伏过大，说明在移动过程中未能保持稳定的重心控制。

3）身体重心前后倾斜，重心偏前或仰后。

3．教学方法

1）对比教学法：教师结合向后一步，指出向后跃步与向后一步的区别与联系，说明二者的用途与特点，讲解示范动作要领。

2）分解教学：进行后脚原地摆腿练习。

3）完整教学法：进行完整后跃步练习。

4）动作组合法：后退中结合向后一步跃步练习，后退中做向后跃步结合弓步或向前还击步法。

（七）向前交叉步

1．动作要领

呈实战姿势做好准备，后脚经过前脚内侧交叉向前跨一大步，在前脚尖处着地，前脚接着向前跨出同样的距离，移动过程中重心保持平衡，身体不宜晃动。

1）以实战姿势做好准备：实战姿势的作用是便于移动、攻击和防御，使对方难以击中自己。

2）具体动作要点包括：运动员侧立，面向击剑前方，前脚尖向前，后脚垂直于前脚跟的延长线，两脚之间的距离同肩宽，两腿微成半蹲，躯干自然放松，稍含胸收腹，持剑臂微屈，不持剑手臂的大臂与地面平行。

3）执行向前交叉步：后脚经过前脚内侧交叉向前。

4）跨一大步：在执行向前交叉步时，后脚要经过前脚内侧交叉向前跨出一大步。

5）在前脚尖处着地：后脚落地于前脚尖处。

6）前脚接着向前跨出同样的距离：前脚随后也向前移动相同的距离。

7）保持重心平稳：在整个移动过程中，重心应保持平稳，身体不宜晃动。

2．易犯错误

1）后脚向前迈出时不转髋，动作不到位。正确的做法是，在后脚向前迈出的过程中，髋部应稍向前转动且脚尖偏向前，使后腿前摆幅度加大。这表明如果后脚向前迈出时没有进行适当的髋部转动，动作则可能不到位。

2）向后移动的范围不够，速度过慢，上体前倾过多，这些都可能导致动作不符合要求。

3．教学方法

（1）分解教学法

分解教学法是将复杂或繁难的动作分解成多个部分，第一步先练后脚上步，第二步前脚跟上，注意两脚上步不要拖地向前。

（2）完整练习法

完整练习法是从动作的开始到结束，不分部分和段落，完整、连续地进行教学和练习的方法。在移动中做向前交叉步时，后脚经过前脚内侧交叉向前跨一大步，在前脚尖处着地，前脚接着向前迈出同样的距离。

（八）向后交叉步

1．动作要领

以实战姿势做好准备，这个姿势应便于进攻和防守反击以及步法的移动。前脚向后，经后脚跟交叉向后跨一大步，这一步的关键是前脚在后脚跟后面进行交叉，并且在后脚跟后约半脚处着地，后脚接着向后跨出同样的距离，确保两脚的动作协调一致。

2．易犯错误

1）交叉点选择不当。在执行向后交叉步时，前脚应从后脚跟处开始向后跨出一大步，并在后脚跟后约 10 厘米处着地，然后后脚再以同样的距离向后跨出。如果交叉点选得不正确，可能导致身体失去平衡或无法有效防守和进攻。

2）腿部动作不协调。在做交叉步时，需要保证腿部动作的连贯性和协调性。如果腿部动作不一致，如前脚和后脚的动作不同步，将导致移动不稳定，影响整体步法的流畅性和动作的效率。

3）重心控制不当。在执行交叉步时，保持稳定的重心是非常重要的。如果重心控制不当，容易导致身体摇晃，甚至失去平衡。

4）速度与力量未能平衡。交叉步的速度和力量需要恰到好处。如果第一步跨得过大或太小，落地时脚部的负担会增加。

5）交叉步太大或太小，则会使腿部肌肉用不上劲。

6）加入不必要的动作。在执行交叉步时，应尽量避免不必要的动作，以确保移动的流畅性和动作的效率。

3．教学方法

1）分解练习：将整个动作分解为几个部分进行单独练习，例如先练习前脚向后的交叉动作，再练习后脚的跟随动作。

2）组合练习：在掌握单个动作后，将两个动作组合起来进行完整的向后交叉步练习，逐步增加难度和复杂性。

3）实战应用：模拟对战或实际比赛中的场景，通过这种方式来帮助学生更好地理解和运用这一步法。

（九）弹跳步

1．动作要领

后脚掌用力向前蹬离地面，前脚同时向前迈出，使身体向前位移，双脚同时落地，之后前脚向后用力，后脚向后撤步，如此前后连续跳跃移动，整个身体重心随跳跃动作的前后变化而一起移动。

2．易犯错误

1）上下起伏太大，腾空时间过长，不便于发动进攻或后退防守。在执行向前、向后弹跳步及连续前后弹跳步时，前脚与后脚跟进的步法要同样大小，后脚跟进不够会影响爆发力。两脚应间隔一肩宽，保持重心距离。

2）上身过于紧张。可以通过心理训练方法来帮助学生放松心态，例如通过模拟比赛场景进行实景模拟训练，从而使学生逐步适应类似比赛的环境并减缓紧张情绪。

3）下肢膝关节僵硬。进行关节反复屈伸活动、加强膝关节周围的肌肉力量训练以及适当的拉伸和放松练习可以改善这一问题。

3．教学方法

1）原地实战姿势弹性步法跳。这种练习有助于提高学生的身体协调性和反应能力，同时增强学生对击剑动作的适应性。

2）从原地慢慢转向向前、向后弹跳。学生需要从原地开始，逐渐向前、后方向进行弹跳。这一步骤旨在帮助学生掌握如何在不同方向上进行快速移动并且能够灵活地调整自己的位置和姿势。

3）双人练习，保持一定距离做弹跳步练习。在这个阶段，两名学生保持一定的实战距离，轮流进行弹跳步练习。当一人向前或向后弹跳时，另一人必须迅速做出相应的反应，如退开或做半弓步还击。这种双人练习有助于学生在实战中更好地理解和应用弹跳步。

4）组合练习，弹跳步结合向前移动、后退移动、结合弓步做步法练习。学生可以在弹跳之后立即进行向前跃步接弓步的动作，或者在退开后迅速做半弓步还击。这种组合练习不仅可以提高了学生步法的多样性，还能够增强学生在实战中的应变能力。

（十）侧身闪躲步

1．动作要领

后脚带动髋关节向身体后侧迈出一小步，身体侧立，非持剑手臂后摆带动身体侧转体并向身后转，利用侧身步法避开对手的攻击。不能过分转体而使后脑勺或背部朝向对手。

2．易犯错误

1）闪躲时，过分转体而使后肩超过了前肩（犯规动作）。

2）闪躲不够，不及时。

这些错误在击剑比赛中很常见，运动员需要在训练中加以注意和改进。闪躲时过分转体会导致身体失去平衡，容易使对手抓住机会进行攻击；而闪躲不够或不及时则意味着无法有效避免对手的攻击，从而影响比赛结果。

3．教学方法

（1）对镜徒手闪躲步练习

对镜练习是传统空击训练内容之一，其主要目的是帮助学生掌握基本步法和身形，具体步骤如下：

1）准备阶段：选择一面大镜子，与镜面保持一定的距离（2～3米）站好。

2）观察与模仿：面对镜子，仔细观察自己的每一个动作，包括脚步移动、身体转动等，注意检查步法是否正确、身法是否流畅。

3）反复练习：对着镜子不断重复侧身闪躲的动作，确保每一步都准确到位；可以尝试不同的进攻方向和速度，以提高自己的适应能力。

4）录像分析：利用手机或其他设备录制练习过程，回放视频进行自我分析，找出不足之处并加以改进。

（2）持剑双人练习

持剑双人练习是一种有效的实战模拟方法，能够帮助学生在真实环境中应用所学的步法和闪躲技巧，具体步骤如下：

1）选择合适的伙伴：根据学生的年龄、水平和特长选择合适的练习伙伴，并确保两人之间的距离符合实战要求。

2）进攻与防守：一人扮演进攻角色，另一人进行侧身闪躲。进攻方需保持一定的攻击频率和强度，而防守方则要灵活运用侧身闪躲步法加以应对。

3）持剑或空剑：可以选择持剑或空剑进行练习。持剑练习可以增加实战感，但需要特别注意安全；空剑练习则更专注于对步法和闪躲技巧的运用。

4）调整与反馈：在练习过程中，教师应随时给予指导和反馈，帮助学生及时纠正错误，并根据实际情况调整练习的内容和强度。

（十一）下蹲闪躲步

1．动作要领

在后退或前进中，向前或向后迈出一步并下蹲，剑刺向对手有效部位，利用身体位置的变化避开对手的进攻路线。

1）身体位置变化：躲闪防守是依靠身体位置的变化来避开对手攻击，在实战中运用得较多，躲闪防守经常与反攻相配合，如下蹲反攻。

2）下蹲动作:在执行下蹲闪躲步时,需要在后退或前进中向前或向后迈出一步屈膝下蹲,这个步骤是为了利用身体的低姿态和平衡来避开对手的进攻线路。

3）刺剑动作:在下蹲的同时,剑应刺向对手的有效部位,如胸部等上半身区域,以保持攻击的威胁性。

4）充分利用身体位置变化:通过下蹲动作,学生可以有效地避开对手的进攻,同时为反攻创造机会;这种技巧在比赛中非常实用,尤其是在面对快速移动和攻击的对手时。

5）步法技巧:在执行下蹲闪躲步时,需要对包括滑步、交叉步、侧滑步等在内的步法有良好的控制,以提高灵活性和敏捷性。

2. 易犯错误

1）重心控制不好,在执行下蹲闪躲后蹲不稳或起不来。造成这一问题的原因主要在于没有正确控制身体的重心。击剑运动员必须掌握快速、灵巧、稳健、善变的步法技术,要做到这一点,关键就在于随时控制好身体重心。

2）上身过于倾斜,导致剑刺出得不准。下蹲闪躲步的技术要点之一是避免上下波动,这意味着在执行步法时,上身应该保持稳定,避免过度倾斜,以确保剑刺出时的准确性和力量。

3）有低头或有意遮挡有效部位动作。在花剑比赛中,如果选手明显地低头遮挡有效部位,通常会被视为一种犯规动作。

3. 教学方法

1）对镜徒手闪躲步练习。通过该练习,学生可以更直观地观察自己的动作是否规范,并及时纠正错误。这种方法尤其适用于初学者,因为其可以通过视觉反馈来调整姿势和动作。

2）持剑双人练习。一人进攻,一人做下蹲闪躲,二人配合练习。这种练习方式不仅可以帮助学生熟悉实战中的步法和闪躲技巧,还能提升学生的反应能力和灵活性。例如,当进攻方做出攻击动作时,防守方需要迅速做出下蹲闪躲的动作以避开攻击并寻求反击的机会。这种配合练习可以有效地提升学生的整体实战水平。

（十二）垫　步

1. 动作要领

与跃步相似,出前脚,向前移一脚距离,用前脚掌落地,后脚在前脚掌落地时微微蹬地,同时配合手上技术和身体移动。垫步后可以上后脚接着向前移动,也可上前脚接着向前移动,或不移动,要根据当时的战术需要进行选择。

1）前脚的动作:前脚尖抬起,同时小腿前摆,身体重心前移,前脚前移一步距离,前脚掌落地。在前脚落地时,以前脚掌内侧蹬地,使前脚充分伸展并获得加速度。

2）后脚的动作:后脚在前脚掌落地时微微蹬地,保持平衡,同时切勿让后脚超过前脚;后脚需要以前脚掌为支点进行微小的蹬地动作,以帮助前脚完成移动。

3）配合手上技术和身体移动:在执行垫步时,需要结合手上的技术动作和身体的移动,确保整体动作的协调性和连贯性。

4）选择性移动:根据战术需要,可以选择在垫步后上后脚接着向前移动,也可以选择上前脚接着向前移动,或者不移动,如何选择取决于具体的战斗情况和对手的动向。

2. 易犯错误

1）身体不稳定。在移动时,如果两膝屈伸幅度过大,或跳跃步伐使用过多,会造成身体重心不必要地上下起伏,影响自身的稳定性。

2）身体后仰,造成前移垫步的速度过慢。在摆腿过程中,如果重心后倾,会导致速度过慢。此外,如果在上步移动到位制动时,虽然脚步动作完成得较好,但如果不注意保持身体重心的平稳,也会导致速度变慢。

3）前脚前移距离过大,腾空太高,造成移动速度过慢。前脚向前移动时,应沿地面滑动,抬脚不要过高。如果移动距离过大,身体容易失去平衡,且前脚着地距离过远也是错误的。

4）垫步的同时重心不移动,躯干没有跟上。在垫步时,前脚向前迈出,躯干应随之前移,以保持身体重心的平稳。如果在垫步时忽视步型、步法,或者在移动时躯干前倾不直或腰背紧张,都会导致躯干跟不上前移动作。

3. 教学方法

1）原地垫步练习,注意前脚动作。确保前脚能够迅速而准确地移动,并且在落地时保持稳定。

2）完整练习,注意在垫步运用中试探步法的作用。在练习过程中,要留意如何能利用垫步来探测对手的动向进而做出相应的反应。

3）组合练习,垫步接弓步。先用垫步调整到适当的位置,然后迅速转换为弓步以准备进攻或防守。然后垫步接着向前移动,即在完成垫步后,立即用较小的步幅快速向前移动,以增加移动的灵活性并提高速度。或垫步接着向后移动,同样,在完成垫步后,迅速用较小的步幅向后移动,以便于快速撤退或重新定位。

（十三）弓　步

弓步在击剑步法中占有极其重要的地位,因为多数的有效一击都是由弓步参与,并配合手上动作完成的。由实战姿势开始,执行下肢三个环节的动作,即摆、伸、蹬,便完成了连贯的整体弓步动作。弓步的技术性较强,较难掌握,因此,运动员对动作要素和每个环节要建立正确的概念,对动作的节奏感、空间感、肌肉感以及弓步的深度和速度要有明确的认识。

弓步还原实战姿势动作要领示意图如图 3-9 所示。

1. 动作要领

1）右腿弯曲,小腿与地面垂直,膝关节角度约为 90 度,右脚尖朝向前方,右脚全脚掌着地。

弓步还原实战姿势
动作要领学习二维码

2）左腿充分伸展，左脚全脚着地，左脚尖向内偏后。

3）上体稍前倾，向外侧身。头部正直，脸面向前，两眼平视，腰部自然挺直，身体重心放于两脚间略偏向前。

4）右臂伸向前方，左臂伸直于后下方，手心向上。

① 弓步过程

② 向后还原

③ 向前还原

图 3 - 9　弓步还原实战姿势动作要领示意图

2. 动作过程要领（从实战姿势开始）

1）先伸出持剑手臂，前脚尖微微抬起，同时以膝关节为轴，足跟紧贴地面，小腿向前摆出。

2）在前腿小腿向前摆出而膝关节尚未完全伸直时，大腿在小腿前摆的带动下积极延伸，重心随同前移。

3）随着重心前移，后脚以全脚掌后蹬送髋，在前脚跟着地之前，后腿充分伸展，以加大后蹬力量而获得加速度，但脚掌不得离开地面。

4）前脚落地时，以足跟先着地再过渡到全脚掌着地，并随着重心的前移使小腿与地面垂直，同时不持剑手臂在最后一刻猛力向后下挥摆以保持身体的平衡，呈弓步姿势。

5）弓步的长度（深度）取决于运动员的放松程度、体力、双腿长度、大小腿比例以及作弓步目的与战术要求等。

3．还原实战姿势动作要领

1）前脚全脚掌蹬地，过渡到足跟，用力前蹬并伸直膝关节，将身体向后上方推动。

2）在前脚蹬地的同时，后腿膝关节迅速弯曲，这是还原动作的关键，即靠双腿的动作使躯干后移，最后还原实战姿势。

4．教学方法

1）分解教学法，把动作分解为伸手抬脚尖、弓步与还原三个部分，按口令进行分解练习。首先，学生需要掌握如何正确地伸出手臂并抬起脚尖。其次，学生在进行弓步时，应能够准确地控制腿部和手臂的运动。最后，学生需先屈后腿，蹬前脚跟，使躯干后移，还原成实战姿势。

2）完整练习，完成连贯动作。在掌握了分解动作之后，学生可以进行连贯的完整动作练习。这一阶段要求学生将所有分解动作组合起来，完成一个完整的弓步动作，并且要保持动作的流畅性和稳定性。

3）组合练习，结合向前或向后移动步法做弓步动作练习。这一阶段可以帮助学生更好地理解如何在实际对战中应用弓步，提高学生的灵活性和实战能力。

（十四）一步弓步

一步弓步是一个简单的步法组合。前文已对作为单个步法的向前一步和弓步做了介绍，这里主要说明组合步法中两个步法之间的衔接，以及如何追求最快的加速度和合理的节奏。一步弓步动作示意图如图 3-10 所示。

一步弓步动作
学习二维码

图 3-10　一步弓步动作示意图

1．动作要领

1）在完成向前一步时两脚同时着地，后脚跟进要快。

2）后脚落地时开始执行弓步发力后蹬的动作，同样前脚掌落地时开始执行弓步前摆小腿的动作。

3）一步的距离不要过大,甚至还可以有意做得比常规小一些,这样起动才快,还能获得加速度和合理的节奏。

2. 易犯错误

1）前脚向前一步没有抬脚尖。前脚尖略微抬起(脚背屈),再贴地面随小腿向前迈出约一脚的距离,接着脚跟先着地,再过渡到全脚落地。

2）后脚没有与前脚掌同时落地。完成向前一步时身体出现前倾或后仰,两脚没有同时落地。正确的动作应是,在执行一步弓步时,后脚应该与前脚掌同时落地,以保持平衡并保证速度。

3）向前一步与弓步衔接不紧密。两个节拍的动作衔接不连贯,有停顿或无向前加速。正确的方式应是,在执行一步弓步时,动作应该连贯,没有明显的停顿,从而才能确保进攻的流畅性和速度。

3. 教学方法

1）分解教学法。将一步弓步分为三个环节,分别是半伸手臂向前一步、弓步、还原实战姿势。

首先,学生需要掌握如何半伸手臂向前迈出一步。这个步骤的要求是前脚尖离地,小腿向前摆动,躯干同时向前移动。

其次,学生要学习如何从半伸手臂的姿势过渡到弓步。具体动作是前脚跟着地,后脚掌稍蹬地使后腿伸直,前腿的大腿几乎与地面平行、小腿垂直于地面。

最后,学生需要从弓步状态恢复到击剑的实战姿势。这个过程要求学生保持身体平衡,并迅速调整到准备状态。

2）完整练习,连贯地完成动作。学生需要将半伸手臂、弓步和还原实战姿势三个环节的动作流畅地衔接起来,形成一个完整的动作。

3）组合练习,结合向前或向后移动步法做一步弓步动作练习。学生在连续向前或向后移动时,每一步之间都插入一步弓步的动作,这样可以提高学生的步伐灵活性和实战能力。

(十五)冲 刺

1. 动作要领

以实战姿势开始,先伸持剑臂,带动躯干前移,当身体重心超过前脚时,后脚蹬地提膝,经前腿内侧交叉向前摆动,前腿同时蹬地伸直,充分向前展体,后脚在前脚前方着地,前脚也交叉向前冲跑。

2. 易犯错误

1）躯干未前倾或前倾过多是常见的错误之一,这可能会影响击剑运动员的表现。这证明了躯干前倾的重要性,但过度前倾则可能导致失去平衡。

2）两脚蹬地无力。就步法中的蹬地动作而言,良好的蹬地力量对于推进身体至关重要。

3）身体面向对手,过多地将身体暴露给对手。选手应先用手臂发出信号,再用身体和腿发出信号,以最大限度地减少向对手暴露的部位。

3．教学方法

1）分解教学。先伸出持剑手臂,躯干前倾,在重心前移到几乎失去平衡时,后脚蹬离地面,大腿抬起前送,身体保持前倾,充分展开身体。

2）双人练习。一人牵引另一人的前臂,辅助练习,学生体会前倾重心的感觉。

3）完整练习。在掌握分解动作的基础上,学生开始进行完整的步法冲刺练习。这要求学生能够将各个部分的动作流畅地连接起来,并在实际中加以应用。

4）在移动中做冲刺动作。冲刺步法只能运用于花剑和重剑中,佩剑比赛中禁止运用冲刺步法。冲刺步法具有快速、突然、出其不备、不易防守的特点,缺点是这种步法是孤注一掷的行动,做出之后运动员会失去重心,所以刺出时只有一次机会,失去防守的可能性,所以运动员在运用冲刺步法时要考虑周全,准确把握实战当中的冲刺时机。

（十六）向前紧逼（连续向前移步）

1．动作要领

连续向前移动,两脚蹬地和摆腿动作连续进行,重心保持在两脚之间。在执行紧逼步法时,有时可在原地进行踏步或稍稍向前,运用较明显的动作甚至较夸张的动作以引起对手注意。

2．易犯错误

1）在移动中控制不好两脚之间的重心,在移动中身体上下起伏,移动不平稳、动作不放松。在这种情况下,学生可能会出现步伐不均匀、身体协调性差等问题,进而影响到后续的技术发挥。

2）距离控制不好,紧逼太近或太远。若紧逼太近,容易被对手抓住机会进行反击;如果紧逼太远,则无法有效地限制对手的活动空间和攻击范围。因此,学生必须通过合理的步法移动来维持适当的距离,确保既能有效进攻又能及时防守。

3．教学方法

1）示范讲解紧逼步法,分解练习,在向前一步、向前两步的基础上连续完成。这个步骤强调的是教师通过示范和详细讲解来帮助学生理解紧逼步法的基本动作要领。在实际操作中,教师需要将复杂的步法分解为简单的部分,如向前一步或两步,并逐步引导学生进行连续的紧逼步法练习。

2）条件性紧逼步法练习,即根据设定的距离,逐步控制向前紧逼的距离来完成动作。在这一阶段,教师会设置一定的距离,让学生在保持这种距离的情况下进行紧逼步法的练习。这种方法有助于使学生在实战中更好地控制与对手的距离,从而提高进攻和防守能力。

3）双人练习。一人执行紧逼步法,另一人跟做。在这种练习中,一名学生扮演紧逼者的角色,另一名学生则扮演被紧逼者的角色。通过这种方式,学生可以模拟实战环境而不断练习和改进步法技巧。

4)比赛练习,即通过比赛进攻步法的方式进行练习。通过比赛的方式,学生不仅可以将所学的步法应用到实际对抗中,还可以在竞争中进一步提升自己的反应速度和灵活性。

(十七)快速后退(连续后退移步)

1. 动作要领

在后退的基础上,连续向后移动,注意前脚回收与后脚摆出动作的连贯性,保持上体平稳。在后退过程中,身体重心需要保持稳定,避免因动作不协调而导致身体失衡。此外,剑身、前臂、上臂与躯干应保持在同一纵线上,非持剑手臂在体侧自然弯曲抬起,手腕自然放松。在执行后退动作时,手指应该自然分开,手腕应该放松;在进行攻击或防守时,应该利用腰部的力量来控制剑的走向,同时注意保护自己的要害部位。

2. 易犯错误

1)移动中控制不好两脚之间的重心,移动中身体上下起伏,移动不平稳、动作不放松。保持身体重心的稳定是非常重要的。如果在移动过程中出现不必要的身体晃动或仰伏过大,会导致身体的基本姿势缺乏必要的稳定性,从而影响整体的移动速度和动作的流畅性。

2)距离控制不好,紧逼太近或太远。在实战中,击剑运动员需要通过精确地控制距离来避免被对手攻击或有效地进行反击。如果运动员在后退步法中不能准确地控制与对手之间的距离,可能会导致自己过于接近或远离对手,从而失去有利的攻击或防守位置。例如,在后撤时,运动员应迅速调整步伐以保持适当的距离,并在适当的时候进行反击,而不是立即停住脚步再进行还击。

3. 教学方法

1)示范讲解快速后退步法,分解练习,在向后一步、向后两步的基础上连续完成。首先,教师需要示范快速后退步法的正确姿势和动作要领。随后,教师将整个步骤分解为向后一步、向后两步等基础动作,让学生在教师的指导下反复练习,确保每个动作都能准确到位。

2)条件性快速后退步法练习,即根据设定的距离,逐步控制快速向后的距离来完成快速后退步法。学生需要根据设定的距离逐步控制快速向后的距离来完成步法。例如,学生可以先从后退一步开始,进而逐渐增加到两步或更多步,以此来提高移动能力和对距离的感知能力。

3)双人练习。一人快速向前,另一人快速向后退。这种方法可以帮助学生在实战环境中熟悉如何快速后退并保持良好的防守姿势,同时也能提升学生的反应速度和灵活性。

4）比赛练习,即通过比赛快速后退步法的方式进行练习。这种方法能够让学生在真实的比赛环境中综合运用所学的快速后退步法。这样不仅能帮助学生更好地掌握步法,还能培养他们在高压下的应变能力和战术意识。

三、组合步法

由于花剑比赛中交锋回合多、速度快,在对步法与剑的控制上要求较高,同时,由于交锋距离近,运动员就需要运用不同的步法在交锋距离内寻找进攻与防守的有效时机。随着花剑技战术的逐步提高,花剑运动对各个技术动作的要求也逐步提高,因此,各种步法组合的练习缺一不可。不仅如此,除了要掌握步法的基本姿势外,运动员还要多结合不同的距离进行练习,这样才能在实战中根据不同需求相应地运用合理的步法。由于各个剑种的特点不同,各剑种中组合步法的内容也有所区别并有不同侧重。花剑步法组合方式包含如下内容:

> 向前一步接弓步;
> 向后一步接弓步;
> 向前两步接弓步;
> 向后两步接弓步;
> 向前跃步接弓步;
> 向前两步跃步接弓步;
> 向前一步接冲刺;
> 连续向前接弓步;
> 连续向后接弓步;
> 垫步接弓步;
> 交叉步接向前两步;
> 交叉步接弓步;
> 弹跳步接向前一步、接弓步;
> 弹跳步接向后跃步、接弓步;
> 交叉步接垫步、弓步;
> 弹跳步接冲刺;
> 接近步法;
> 后撤步法;
> 变换节奏、速度的步法;
> 各种步法在不同速度的移动中急停、起动、加速、减速。

在学习综合步法的过程中,运动员首先应掌握每个单个步法的动作要领,在熟练掌握动作的基础上,循序渐进地学习以上的组合步法,同时要结合不同的时机条件与距离进行步法练习,在练习过程中动作应连贯准确,注意不要脱节。

第二节　花剑的基本技术

花剑基本技术包括进攻技术、防守技术、还击技术和反攻技术。进攻技术是击剑双方通过交锋用武器威胁对方有效部位而进行的简单或复杂进攻。防守技术是运动员通过距离防守来保护自己或手上的剑,运用防守动作及时关闭对方的进攻线路。

一、进攻技术

进攻技术是指进攻者伸出持剑臂,用剑尖连续向前威胁对方的有效部位。在比赛交锋中,进攻占有主动权,拥有优先裁判权力。进攻分为简单进攻和复杂进攻,其中,简单进攻又分为直接进攻和间接进攻。

(一) 直　刺

直刺动作
学习二维码

直刺动作示意图如图 3-11 所示。

1. 动作要领

1) 以实战姿势开始,剑尖下落指向目标,以剑尖带动剑身和手臂,以加快出剑速度,平稳地呈直线向前伸展。

2) 当剑尖接近目标时,手臂充分伸直(有送肩动作,但不要僵硬),在刺中目标时,剑尖与护手盘下沿同高,剑身弓形向上。

3) 还原成实战姿势时,肘关节下落,收臂成实战姿势时的位置。

2. 易犯错误

1) 手指、手臂、肩关节过分紧张,造成动作僵硬,不协调。正确的做法是剑身、前臂、上臂与躯干保持在同一纵轴方向上,两肩自然放松就会避免动作僵硬。

2) 没有以剑尖带动剑身,出现肩关节上抬。剑尖应作为主要力量传递点,而不是以肩关节的上抬来带动剑身。

图 3-11　直刺动作示意图

3) 重心出现前倾。如果重心前倾,将违反正确的击剑姿势,影响动作的稳定性和准确性。

3. 教学方法

1) 原地刺靶练习,教师讲解、纠错,帮助学生培养正确动作的感觉。在这一阶段,学生需要保持身体正直,手臂伸直,剑尖向前,手臂与剑身保持在一条直线上。教师应详细讲解直刺的姿势和动作要领,如持剑臂伸直,手稍高于肩,手心方向同实战姿势一致,剑尖低于护手盘并指向目标,剑弓朝向右上方。

2）在移动中练习,学生应在不同的距离、运用不同的步法完成对各个目标的直刺,每完成一个动作都要还原为实战姿势后再进行下一项练习,要注意节奏。先伸手臂,紧接着出弓步,手指控制剑尖向目标刺出,手臂不要一开始就过于伸直,应是基本伸直,肩关节保持放松状态,直到击中一瞬间才充分伸展手臂。

3）直刺时必须借助于护手盘有效地保护手与前臂,学生尤其要掌握直刺线上的位置差、时间差,既要有利于刺中对手,也要有利于保护自己。在刺中目标时,剑尖应当与护手盘的下沿成一条水平线,此时剑身呈上弓形。

4. 直刺进攻

1）动作顺序与姿势:直刺进攻应遵循"先出手,后上步"的原则,首先,持剑的手臂自然前伸,待接近伸直时,再执行向前一步或弓步,同时手指控制剑尖向目标刺出。

2）手臂与肩关节的使用:在执行直刺时,手臂不应一开始就过于伸直,而是应保持基本伸直状态,肩关节保持放松,直到击中一瞬间才充分伸展手臂。

3）进攻判定:直刺进攻的判定依据是看剑的速度和是否成功刺中对手,先出剑的一方拥有优先裁判权力,如果其手臂充分伸直刺出,则被视为进攻结束,未刺中则容易被对手反攻或防守住。

4）距离与运用:运动员应根据场上不同的距离采用不同的动作,合理运用直刺进攻,掌握场上的主动权。

5）技术细节:在刺击的瞬间,手腕要迅速用力,使剑尖准确地击中目标。

6）规则与优先权:运动员在判断一系列交锋中一次进攻的优先权时,需要注意对手是否处于"击剑线"姿势,以及是否成功打开对手的剑。

7）防守与反击:在复杂进攻中,当对手在假动作中无意间碰到你的武器时,你有权在严格遵守时间限制的前提下进行还击。需要注意的是,是否构成合法还击需要由裁判根据比赛时的具体情况和规则进行判断。

8）教学与训练:教学与训练中应强调移动时身体的稳定、刺靶时的出手时机、防守动作的抬肘问题以及进攻时合理运用运动技术动作等方面。

（二）转移刺（转移进攻）

1. 动作要领

1）剑尖轨迹:进行转移刺时,剑尖轨迹可以是圆形、圆周形、半圆形、V形或螺旋形等。

**转移刺动作
学习二维码**

2）控制方式:转移刺中主要通过手指来控制剑尖的转移,使剑尖沿对手的剑身经护手盘而刺中对手。

3）动作要求:转移需要突然进行;手腕的动作不要太大,以确保动作的隐蔽性和准确性。

4）隐蔽性:通过保持剑与对手的剑平行,走最短的路线,以增加攻击的突然性和不可预测性。

5）技术细节：在发动进攻时，手臂应基本伸直，肩关节保持放松状态，直到击中一瞬间才充分伸展手臂。转移刺属于间接进攻，通常在一条线上开始，结束于对手暴露部位。

2. 易犯错误

1）动作过大，没有用手指、手腕来控制剑尖的转移，大臂或前臂用力过多。学生应使用手指和手腕的结合动作来控制剑尖的路线，而不是通过大臂或前臂的力量去控制。

2）转移路线偏移，没有根据与对手之间的距离和手臂、护手盘的位置进行转移。学生需要根据对手的具体位置和自己的手臂及护手盘的位置来调整转移的路线，以确保动作的准确性和有效性。

3）转移时没有向前转移来获得最快速度与最短路线。学生应该采取向前和转移的动作同时进行的方式，这样才能达到更快的速度并获得更短的攻击路线，这也是提高进攻效率的关键。

3. 教学方法

1）学生在原地做不同方向的转移，多次重复这些动作，体会用力点与动作的运动轨迹。

2）双人在移动中做转移练习。一人做防守动作，防守者需要保持良好的距离感和节奏感，通过步法退出对方攻击的距离。一人做摆脱转移，突然改变攻击方向，使用转移刺进行快速反击，例如，从内侧滑进对方再进行攻击。

4. 转移进攻

转移进攻属于间接进攻，主要是通过避开对手防守线路而进行的进攻。转移进攻是击剑进攻技术中运用较多的一项技术，是运动员必须要掌握的技术。转移时剑尖的路线轨迹有半圆、圆周和复杂型；进攻时的剑应与对手的剑平行，走最短的路线。在处于中近距离的进攻中，要边进行转移边向前伸；当处于远距离时，可先伸出手臂再转移，用剑尖在对手的剑下方做一个半圆形转移动作，同时伸臂刺向对手暴露的目标进行转移进攻，用手指和手腕相结合的动作来控制剑尖的路线，转移越突然，动作越小，在进攻中就越容易摆脱对手的防守而得分。

（三）击打刺

1. 动作要领

1）由实战姿势开始。击打动作要小并短促有力。击打刺是用剑身的中强部击打对方剑身的中前部以获得进攻主动权，使对手暂时失去对剑的控制并刺中对手有效部位的动作方法。

击打刺动作
学习二维码

2）前臂要充分放松，击打时手腕做快速抖动式的动作，手心朝内斜下方。剑身

同时内移。

3）当接触到对方的剑时，手指用力握住剑柄，手腕保持一定的紧张，瞬间用力。击打后立即前伸直刺。

4）在击打后前伸的同时，剑尖下落带动剑身，伸臂向前刺出。

5）击打刺的两个力点分别是用剑身击打的发力点和直刺时剑尖的发力点。

2. 易犯错误

1）击打前，手指、手腕过分紧张用力，会导致整个手臂的动作变得僵硬，无法灵活地控制剑尖的方向和力量。

2）击打时，剑身与前臂没有同时移动，动作不协调，这会使剑尖的轨迹变得可预测，从而降低攻击的突然性和隐蔽性。

3）击打后，前臂有外移、外展这些多余的动作，这样不仅浪费了力量，还可能暴露自己的身体部位，给对手攻击的机会。正确的做法应该是保持前臂的稳定，并通过手指和手腕进行精准控制，引导剑尖向目标移动。

3. 教学方法

1）分组练习。两人一组（以实战姿势持剑）进行重复击打动作练习。

2）分解练习。将击打刺分成击打与直刺两个部分进行练习。直刺进攻的技巧包括先伸手臂，紧接着出弓步，手指控制剑尖向目标刺出。直刺进攻时，手臂不要从一开始就过于伸直，肩关节保持放松状态，直到击中一瞬间才充分伸展手臂。

3）完整练习。将击打与直刺的动作组合起来进行完整动作练习，确保动作的连贯性和协调性。

4）结合不同距离、不同步法进行练习。学生通过不同的距离并运用不同的步法进行练习，以提高反应能力和步法移动的准确性。

4. 击打进攻

击打进攻是一种短促有力的手指和手腕动作，通过用己方剑身敲击对手的剑身来获得进攻机会。这种技术要求运动员在进行击打前，使己方剑身与对手保持一段距离，以便于击打。击打的动作预兆要小，并且要配合变化，如果击打未成功，则需及时控制住不做进攻，重新进行下一次进攻。

5. 击打转移进攻

击打转移进攻是先进行击打再运用转移的技术，运动员需要将自己的剑身与对手保持一定的距离，以便于击打。击打动作需要迅速且有力，目的是引起对手的注意，使对手采取相应的防守姿势。在对手采取防守姿势后，运动员迅速进行转移动作，利用对手反应动作所耽搁的时机，迅速击中对手。这种转移动作可以是弓步，也可以是其他步法，关键在于迅速且有效地突破对手的防守。在完成转移后，运动员需要迅速进行有效的进攻动作，确保能够击中对手。

（四）交叉刺（交叉进攻）

1. 动作要领

交叉刺动作的核心要领在于以剑尖带动剑身，从对方剑尖上绕过，到达对手开放的线上刺中其有效部位。这一动作需要手指、手腕和前臂的协调配合，前臂弯曲，用手臂和手腕做轻微的动作，在一个击剑时间内，使剑身沿着对手的剑向上滑动一下，越过对手剑尖交叉进攻，最后伸手臂以最快速度控制剑尖刺向目标。交叉进攻的弓步是紧随着手臂动作做出的，必须不停顿地以最快速度完成动作。

2. 易犯错误

1）交叉时上臂与肩膀用力过多，回收上臂过多。产生这种错误主要是由于在执行交叉刺动作时，对上臂和肩膀的肌肉使用不当。正确的做法应该是利用肩部和手臂的自然运动轨迹进行交叉，而不是过度用力或回收上臂。这种错误可能导致动作不流畅且效率低下。

2）前臂屈伸与剑尖下落不快。前臂屈伸不够迅速或者剑尖下落速度慢会导致丧失攻击时机或浪费力量。因此，学生需要通过加强前臂肌肉训练和提高手腕的灵活性来改善这一问题。

3. 教学方法

1）慢动作原地练习，体会动作要点。在交叉刺动作的初学阶段，建议采用慢动作原地练习的方法。通过放慢动作速度，学生可以更好地观察和纠正动作中的错误。教师应先讲解交叉刺动作的要点，并示范正确的动作。学生在教师的指导下，反复进行慢动作的原地练习，体会动作要领和正确的姿势。

2）在移动中进行双人练习。在学生对基本动作有了初步的掌握之后，则可以进入移动中的双人配合练习。这种方法有助于提高学生的协调性和反应能力。在进行双人练习时，一人执行交叉刺动作，另一人则负责防守或进行反击。通过这种互动练习，学生可以更深入地理解动作的实际应用，并能够在实战中加以运用。

3）表象训练法。这是一种心理训练方法，是通过在头脑中反复想象和再现正确的技术动作来提高运动技能的方法。学生在进行练习时注意观察和模仿教师的动作示范，同时，通过观看比赛视频模仿优秀运动员的动作，从而逐步调整和优化自己的技术动作。

4. 交叉进攻与转移进攻

交叉进攻同转移进攻一样，是间接的简单进攻，是挑引对手暴露出有效部位并立即发起进攻的技术。交叉进攻有上线的内交叉和外交叉，即从第四防守姿势①开始，在第六防守姿势上结束，或从第六防守姿势开始，在第四防守姿势的线上结束。交叉进攻也有下线的交叉。花剑的有效部位在上部，因此，对上部交叉的运用较多。

---

① 详见本章防守技术。

交叉刺比转移刺更具真实性，其欺骗作用更有效，最后通过转移攻击动作，能使动作简单、快速，在最有利的时机刺中对手。可以发现，交叉进攻是一种通过假动作引起对手反应的策略，在对手被引诱后进行快速的转移攻击，以达到得分的目的。

花剑的打法已向更全面的方面发展，交叉刺结合转移刺、转移刺结合交叉刺已逐渐取代单纯的甩剑打法。在激烈的交锋中，动作趋于简单快速，而这种简练快速的技战术动作都是在积极的移动中创造时机来完成的，在这个过程中，运动员动作流畅、连贯，下剑凶、猛、狠。

（五）压剑刺与压剑转移进攻

1. 动作要领

压剑刺是用剑身强部格挡住对手剑身中部或弱部并刺中对手的动作方法。在执行压剑刺时，动作要突然，往往在压剑之前以假象加以隐蔽，使对方措手不及。压剑过程中有摩擦和滑动的声音，压剑可以是正压、反压、划圆压与转移压。

2. 易犯错误

1）压剑部位不正确，压到对手剑身的强部。这种错误会导致压剑进攻被判定为错误执行，因为己方剑压在对手剑的强部（即剑身的下方三分之一部位）会失去优先权。

2）上臂用力过多，动作僵硬。手臂不要从一开始就过于伸直或蜷缩，而是应保持基本的放松状态，直到击中一瞬间才充分伸展手臂。如果上臂用力过多，可能会导致动作僵硬，从而影响进攻的流畅性和准确性。

3）用力不够，导致在进攻中未能控制住对手的剑。压剑时需要使对手在被压的线上产生一个反抗力，利用这个力量来控制对手的剑。如果用力不够，可能无法有效地控制对手的剑，从而影响进攻的效果。

3. 教学方法

1）原地做不同姿势的压剑，体会动作、方向与用力的时间，重点是掌握正确的姿势和用力时机。压剑刺是一种间接进攻技术，需要在对手的剑线上进行压迫，然后迅速转移进攻方向。在练习时，学生可以先伸手臂，紧接着出弓步，用手指控制剑尖向目标刺出，手臂不要从一开始就过于伸直，而是应基本伸直，肩关节保持放松状态，直到击中一瞬间才充分伸展手臂。

2）选择压剑后的合理动作与路线，双人在移动中进行练习。在移动中进行压剑刺和转移进攻的练习，重点是选择合理的动作与路线。在进行双人练习时，一方执行压剑刺，另一方则需要在对方的剑线上进行防守还击，然后迅速转移进攻方向。在移动中，练习者要注意保持平衡和重心的稳定，同时要迅速对对手的动作做出反应，选择合适的时机进行转移进攻。

4. 压剑转移进攻

压剑转移进攻的特点是利用压剑动作引起的反抗力进行转移进攻。具体来说，在进行压剑转移进攻时,运动员首先通过压剑动作使对手在被压的线上产生一个反抗力,然后利用这个反抗力进行转移进攻。这种进攻方式要求运动员在发动进攻前先做一个假动作以转移对手的注意力,然后在对手注意力分散时进行有效的进攻。压剑转移进攻是一种间接的简单进攻,该技术要求运动员在执行过程中动作保持快速和突然以达到最佳效果。

5. 压剑进攻与压剑转移进攻

压剑进攻和压剑转移进攻都是通过压制对手的剑来创造进攻机会的技术,但压剑转移进攻更注重利用反抗力进行转移进攻,需要运动员具备能够执行快速和突然的动作的能力。

(六) 滑剑刺与滑剑转移进攻

1. 动作要领

滑剑刺是将格挡防守与不脱离对手剑的还击动作结合起来的进攻动作方法。这种动作方法要求运动员在防守时保持剑尖的位置不变,同时利用滑剑动作来转移对手的注意力,并在防守的同时进行反击。

2. 易犯错误

1) 动作力度不够。导致这一错误的原因是学生没有充分使用手臂的力量来刺出剑尖。正确的刺剑动作应该是将全身的力量集中在剑尖上,通过手臂、肩膀和腰部的协调发力,使剑尖迅速而有力地刺向目标。如果用力不足,进攻容易被对手阻挡或反击,从而使己方失去主动权。

2) 动作过大而不容易接触到对手的剑,在进攻过程中容易与剑脱离。为了保持与对手的有效接触,学生需要控制好自己的步法和身体姿势,确保每次刺击都能以剑身中部接触对手剑的前部,并执行压滑刺。此外,学生还需要注意抖腕鞭打的动作,以增加刺击的力度和准确性。

总结来说,避免用力不足和动作过大的关键在于掌握正确的姿势和动作要领。通过反复练习和教师的指导,学生可以逐步提高自身的技术能力和反应速度。这样不仅能提升自己在比赛中的表现,还能有效降低受伤的风险。

3. 教学方法

1) 双人练习,一方刺出固定的位置做贴剑滑出的专门练习,体会动作的力度与路线。双人练习之中要突出对技战术动作的运用,使学生从初具简单动作意识开始逐步进入复习和变化的战术练习之中,从而进一步提高和巩固学生的"实战"意识。

2) 双人练习,一方做刺出动作,另一方执行半圆或圆周的滑剑刺。作为跟随练习的一部分,由两名学生保持实战距离,一人主动移动,另一人跟随,这有助于学生提高滑剑技巧和应对对手动作的反应能力。

3) 实战中以不同的姿势开始,向同伴的剑做滑剑刺。学生在执行滑剑时使剑身紧贴对手的剑身移动,利用滑剑动作来转移对手的注意力。这是一种高级技巧,学生需要在实战中不断练习以达到熟练程度。

4. 滑剑转移进攻

滑剑和击打、压剑的目的相同，但在执行方法上有一些不同之处。滑剑中的伸臂是令剑在对手的剑身上做向前推进的动作，与对手剑的接触时间较长。当对手的剑处于滑剑刺的威胁之中时，要尽力关闭被滑开的线，当对手的反抗使己方的剑脱开时，己方做转移动作，使剑尖刺向对手的暴露部位，同时，也可以在对手被滑剑打开的线还没有恢复关闭之前，立即用直刺刺中目标。

（七）角度刺

角度刺是击剑运动中的一种重要的刺击技术，其核心在于利用不同的角度避开对手的防守与抗剑，从而达到刺中对手的目的。这种技术不仅需要运动员具备良好的战术意识，还需要运动员能够在实战中灵活调整剑的角度和腕关节的弯曲度，以适应不同的交锋情况。此外，这种技术不仅能够使运动员有效地避开对手的防守，还能在进攻时使对手的某些位置暴露出来，从而为进攻创造机会。

1. 动作要领

角度刺是击剑运动中的刺击技术之一，要求运动员选择相对有利的持剑姿势和方位，使剑尖与对手的有效部位形成特定角度，并以此角度攻击对手。该技术通常用于近距离交锋之中。

2. 易犯错误

1）在进行角度刺时，身体姿势过于明显，容易被对手判断出意图。例如，实战姿势不正确、前后移动时重心上下起伏、步幅过大、身体前倾后倒等，这些都会导致对手容易判断出己方意图。正确的姿势应是保持身体稳定，避免有不必要的动作和重心起伏。

2）手型、角度不好，容易被对手防守住。没有用剑尖引导手臂做刺出动作、手臂伸展不充分、肩关节紧张等都会影响刺击的准确性和力度。正确的手型和角度应能够保持剑尖对准对手的有效部位，并且剑弓方向要正确。

3. 教学方法

1）原地做不同姿势的角度刺，根据身体有效部位的点与防守后暴露的点进行角度刺练习。这种方法可以帮助学生在实战中更好地利用角度和距离进行进攻。

2）在进攻中接近对手的有效部位进行角度刺练习。这种方法可以提高学生在实战中的进攻效率和准确性。

3）学生根据不同的角度和身体姿势相应地变化握剑方法、刺的角度与腕关节的弯曲度。这种方法可以帮助学生在实战中更好地适应对手的防守和进攻。

4）双人练习，一方进攻、一方防守，在防守方进行防守后，进攻方进行不同角度的击刺练习，进攻中也可变化刺击的角度。这是一种有效的教学方法，可以提高学生的实战能力和反应能力。

（八）对抗刺

对抗刺是击剑运动中的一种刺击技术,其特点在于以同一部位控制来剑的方向,以剑身的强部和护手盘抗击对手剑身的前部,使对手的剑尖偏离的同时刺向对手的暴露部位。这种技术动作具有攻防的双重属性,即在进攻的同时也具备保护性,要求参与者在同一线上进行动作,运用相同的动作、以一定的力量进行对抗。

1. 动作要领

对抗刺技术要求运动员在保持对手剑尖相同方向的同时,利用剑身的强部和护手盘来抗击对手的进攻,同时寻找机会刺向对手的弱点。这一动作需要运动员具备一定的力量和技巧,以确保其能够有效地抵御对手的攻击并寻找进攻机会。

2. 易犯错误

1）用力不够。学生在对抗时没有充分利用手臂的力量,导致攻击或防御不够有力。

2）抗击时未用剑身强部去抗击对手的弱部。学生应明确剑身强部和弱部的概念,以及在对抗中应该使用剑身强部去抗击对手弱部的要领。

3）对抗时剑的位置偏移,造成对抗不利。对抗时使剑保持在正确的位置是至关重要的,位置偏移会导致对抗不利。

3. 教学方法

1）原地双人练习,与同伴持相同的持剑姿势,在同伴做出进攻时进行对抗刺。这种练习方式有助于学生熟悉基本的对抗刺和弓步对抗刺技术,并且能够帮助学生通过实际操作来提高反应速度和准确性。

2）原地与同伴以不同的持剑姿势灵活变换运用各种不同的进攻路线执行对抗刺。这不仅能增强学生的战术意识,还可以提高学生对不同攻击路径的应对能力。

3）行进间练习,是更为复杂和具有挑战性的部分。学生需要在移动中进行防守和反击,这要求学生具备较高的身体协调性和灵活性。通过这种方式,学生可以更好地掌握如何在实战中保持平衡并有效利用距离优势。

（九）摆脱刺

花剑中的摆脱刺同样是一种利用对手的击打时机进行摆脱和转移的战术。在对手进行击打时,花剑运动员可以通过迅速摆脱并转移位置而有效地获得裁判的优先权,并在裁判的视线中占据有利位置,从而进行有效的还击。

1. 动作要领

使用手指控制剑尖进行小而突然的转移,动作要及时,避免剑尖被对手接触到,同时根据对手的距离和动作,及时采用转移刺的动作进行还击。

2. 易犯错误

1）摆脱的动作不够突然,被对手识破。这意味着选手在执行摆脱动作时,动作不够迅速和隐蔽,导致对手及时反应过来并抓住机会进行反击。

2）转移摆脱的时间过早或过晚,时机没抓好。选手在进行摆脱时,如果选择的时间点不恰当,可能会使对手获得足够的时间进行调整和反击,从而使己方失去有利的得分机会。

3．教学方法

1）双人做摆脱刺练习,一方以不同姿势进行击打,另一方执行摆脱转移。这种练习有助于使学生能够在实战中快速反应并适应对手的攻击方式。

2）结合不同距离与时机进行练习。在练习中,学生需要根据自己与对手之间的距离和对方攻击的时机,合理运用不同的步法完成摆脱刺动作。这要求学生具备良好的步法控制能力和对距离有一定的敏感度。

（十）击剑线

击剑线含优先裁判权（即享有优先主动进攻的权利）,是抑制对方进攻、变被动为主动的重要手段,这是击剑线技术本身的特点。而在击剑线形成后,运动员可以在原地或后退中连续威胁对方有效部位,如果对方不破坏击剑线,也没有避开击剑线（被刺中）而进攻,将判击剑线得分。

1．动作要领

持剑手臂伸直,剑尖指向对手有效部位。击剑线要在对手进攻之前形成,手臂不能乱动,以便在对手进攻时能够迅速做出反应,剑尖可以摆脱进攻,但必须始终指向对手的有效部位。这意味着运动员在执行摆脱动作时,剑尖不能偏离对手的有效部位,否则将失去得分机会。

2．易犯错误

1）肩关节过于紧张,手指、手腕控制不好。这种错误通常是由握剑姿势不正确或用力过猛导致的。正确的握剑姿势应是使剑柄放置在手掌中拇指的软部下方,剑柄前部置于中指上,其余三根手指沿握剑柄侧面放置,保持放松。如果握剑过紧,不仅会影响手腕的灵活性,还可能导致手腕受伤。因此,学生需要通过练习和教师的指导来掌握正确的握剑姿势和力量控制。

2）持剑臂位置偏移,挡住视线。持剑臂的位置对于视觉的清晰度至关重要。如果持剑臂位置偏移,可能会挡住视线,影响运动员对于对手动作的判断和反应速度。在击剑中,视觉的清晰度和对目标的准确判断是至关重要的。因此,学生需要在训练中注意保持持剑臂位置正确,避免因位置偏移而影响视线。

3．教学方法

1）双人做击剑线转移练习。这种练习方法可以通过内容的变化和不同的要求,培养运动员的剑感、距离感、时机感、节奏感等各种实战素养。在双人练习中,学生需要保持实战距离,进行持剑或不持剑的跟随练习。

2）在不同距离下进行击剑线与破击剑线练习,以便于形成正确的动作。这种练习方法可以强化学生的进攻意识和对于比赛的节奏感。在练习中,学生需要根据对手的移动和攻击进行适当的步法调整和剑法变化,以保持安全距离并寻找进攻机会。

(十一) 进攻组合

在花剑比赛中,掌握主动权的一方享有优先裁判权,这使得主动进攻技术在比赛中尤为重要。主动进攻技术不仅能够有助于运动员先发制人,还能使运动员在比赛中占据主动地位,从而增加得分机会。花剑比赛中的进攻组合方式通常是将几个简单进攻组合起来,通过在一条线上做假动作,在另一条线上发动进攻来完成。这种进攻方式需要运动员具备良好的假动作技巧和战术意识,以迷惑对手并实现突然进攻。例如,运动员可以在一条线上做出进攻动作,假装要攻击对手的某个部位,但实际上是从另一条线上发动进攻。

1. 从不同距离进攻

在花剑进攻组合中,不同距离的进攻需要运动员运用不同的进攻步法进行直刺或角度刺练习。初学者可以采用集体练习,由教师带领,运用不同的步法,学生根据不同的步法迅速调整距离,寻找进攻时机,然后执行相应的直刺或角度刺进攻。

2. 转移进攻

双人在移动中,教师变换所暴露有效部位,学生根据教师暴露的部位,运用不同的步法快速直刺进攻,教师做不同的击打或防守动作,学生立即进行摆脱转移刺进攻。学生需要具备敏锐的洞察力和精准的剑术技巧,才能在比赛中有效地运用转移进攻战术。

3. 抓住时机进行抢攻的练习

在双人练习中,教师在移动中做出不同的提供时机的动作,学生抓住教师留下的时机做出抢攻或摆脱抢攻的细节动作。教师通过模拟真实的比赛场景,如上步后出手、习惯性动作、上步击打等,来训练学生的抢攻能力。学生则需要通过观察、判断和快速反应来抓住这些时机进行抢攻或摆脱抢攻。

4. 不同位置的击打进攻练习

双人进行练习,教师在移动中做出不同的持剑姿势,学生针对不同的持剑姿势采取不同的击打进攻。教师做假进攻动作,学生在教师刚刚出剑的时候做各种击打进攻。通过这种双人练习,学生可以提高对不同持剑姿势的反应速度和反应的准确性,增强在实战中的进攻意识和技巧。教师在练习中会不断纠正学生的动作,确保学生能够在实战中做出正确的反应和进攻。

5. 后退直刺练习

在移动中后退急停后,快速起步向前还击,运用直刺进行双人练习。教师带领学生前后移动,学生在后退的过程中积极接触剑,马上进行直刺还击,以此方式进行练习。

（十二）复杂进攻

1. 内、外二次转移进攻

花剑中的内、外二次转移进攻是一种复杂的进攻技巧,该技巧的核心在于通过假动作迷惑对手,从而在对手做出反应时迅速转移并击中对手。这种进攻方式强调的是,在进行二次转移进攻时,运动员需要在伸臂的情况下做出的第一个假动作,这个假动作要能够充分引发对手的反应动作,并使己方的动作节奏与对手的反应动作相适应。这样,运动员便可以在对手做出反应时迅速转移并击中对手,从而达到迷惑对手、提高进攻成功率的目的。

内、外二次转移进攻方式要求运动员具备高超的技巧和敏锐的判断力,能够在瞬间做出正确的决策和动作。

2. 上、下二次转移进攻

花剑上的上、下二次转移与内、外二次转移相对应,但这两种技术的转移方向和时机有所不同。内、外二次转移是在水平线上进行的,而上、下二次转移则是在垂直线上进行的。

具体来说,上、下二次转移的步骤如下:首先,运动员在低线位置引起对手的动作反应,对对手的第一部位或第二部位进行威胁;然后,运动员将剑转移到高线部位,对对手的第三部位或第四部位进行攻击,从而在高线部位上击中对手。

在执行假动作时,运动员应伸出手臂,剑尖伸到对手持剑的下方位置,利用手指和手腕的结合动作诱使对手做出低线防守动作;随后,以最快的速度出弓步,使剑尖向对手的高线部位转移并进行进攻。

这种进攻技术要求选手在动作节奏上与对手的反应动作相适应,确保假动作能够充分引起对手的反应,并在适当的时机进行高线部位的攻击。

3. 圆周转移进攻

花剑中的圆周转移进攻是一种针对圆周防守的进攻技术。首先,进攻者需要伸手臂引对手做出圆周防守动作,然后跟随对手的动作进行转移攻击。在执行圆周转移进攻时,剑尖应尽量靠近对手剑的护手盘处,以增加攻击的有效性。

圆周转移进攻的执行依赖于手指和手腕的灵活控制。手指应自然地握剑,既不过分用力,也不过于放松,使剑柄在手指之间轻轻转动。这种控制方式有助于进攻者在对手做出二次防守之前迅速击中对手。

在实际操作中,手指和手腕的转移要尽量小而突然,以确保对手无法及时做出有效的二次防守动作。这种技术要求进攻者在动作上要灵活、迅速,同时保持对剑尖方向的精确控制。

4. 交叉转移进攻

花剑中的交叉转移进攻旨在通过交叉刺的假动作来引起对手的反应,在对手做出防守动作后,迅速进行转移进攻击中对手。这种进攻方式比传统的转移刺更具真实性,其欺骗作用更有效,能够使运动员在最有利的时机刺中对手的有效部位,动作简单、快速。

具体来说,交叉转移进攻的步骤如下:运动员做出交叉刺的假动作,这个动作要足够逼真,以引起对手的反应;对手在做出防守动作后,运动员可以迅速调整位置,进行真实的转移进攻。

交叉刺比转移刺更具真实性,因为交叉刺更接近实战中的真实动作,能够更好地欺骗对手。这种假动作能够有效地吸引对手的注意,使对手在做出防守动作时留下破绽。

在对手做出防守动作后,运动员需要迅速判断时机,选择最有利的位置进行转移进攻。这个过程需要运动员具备极强的观察力和反应能力,以确保在最佳时机刺中对手的有效部位。

交叉转移进攻的动作简单且快速,能够在短时间内完成整个进攻过程,从而增加成功的几率。这种进攻方式不仅能够迷惑对手,还能使运动员在最有利的时机进行攻击,提高得分率,是一种高效且具有欺骗性的进攻战术。

二、防守技术

花剑中的防守是用武器和距离来保护自己,避免被对手击中的动作方法。及时有效的防守是在对手的剑到达前,关闭对手进攻的路线,为己方创造还击时机的防守。防守主要有以下 3 种方式:

1. 武器防守

武器防守是以剑来格挡对手攻击的防守方法,是花剑中的主要防守方式。在进行武器防守时,要注意用己方剑护手盘外的剑根部,即剑的强部去防对手剑的弱部。良好的武器防守必须要确保合适的距离。一般来说,距离是防守成功的首要条件,武器防守除用剑直接进行防守外,还有击打防守和格挡防守两种形式。

1) 击打防守是用己方的剑做一个击打动作来打开对手的剑。花剑比赛中击打防守采用得比较多,尤其是第四防守、第六防守、第二防守采用击打防守更为普遍。击打防守在规则上处于有利位置,享有优先裁判权。击打防守动作小,动作突然,防守和还击的速度快。击打防守和进攻动作结合得比较密切,容易相互转化,在击打后可以有效地和对手的剑脱离接触,改变刺击点比较方便。但击打防守常常不够彻底,有时容易防守不良,在执行击打防守时,剑尖动作容易失控,因此,击打防守在重剑中的运用较少。

2) 格挡防守也被称为压剑防守,是用己方的护手盘和剑根控制住对方攻击的弱部,还击时紧贴着对手的剑去攻击对手的动作方法。这种防守方式便于运用对抗防守还击,在第六防守中采用得较多。一般来说,击打防守运用于较远的距离中,格挡防守则运用于较近的距离中或双方同时向前的情况下。

2. 距离防守

距离防守是一种依靠步法来退开对方攻击距离以达到防守目的的技术。距离防守被认为是击剑中最可靠的防守方式，它要求运动员具备良好的距离感和节奏感、快速反应能力以及灵活的步法转移能力。距离防守不仅能够使运动员有效地避开对方的攻击，还能为反攻创造机会，但需要注意的是，防守后进行还击会比较困难。

在实际比赛中，距离防守的重要性不亚于手上防守（即利用护手盘和剑根进行防守），灵活的步法和敏锐的距离感觉可以帮助运动员在比赛中争取主动权、正常发挥技术并克敌制胜。此外，距离防守经常与反攻配合使用，但防守后的还击需要更多的技巧和判断力。

3. 闪躲防守

闪躲防守是击剑运动中的一种重要的防守技巧，主要依靠身体位置的变化来避开对手的攻击。这种防守方式在花剑和佩剑中运用得较多，是实战中非常实用的防御方法。闪躲防守的基本动作包括侧闪、后闪和下潜等。在实战中，闪躲防守不仅可以使运动员避免被对手击中，还能消耗对手的体力，并有助于运动员寻找对手的漏洞，以有效地反击。

闪躲防守经常与反攻技术相结合，如下蹲反攻和侧身反攻等。反攻技术是一种积极的防御方法，可以有效地抑制对手的进攻。在花剑比赛中，防守反击和抢攻是保障技术的重要组成部分，而反攻技术则作为辅助技术。通过防守后稍稍停顿再进行反击，运动员可以利用对手暴露的部位进行攻击。

闪躲防守不仅要求运动员身体动作灵活，还需要良好的步法配合。步法可以帮助运动员快速接近对手或保持安全距离，从而更好地进行防守和反击。在花剑比赛中，运动员会根据实际情况进行防守反击与抢攻，以确保在攻击和防守之间取得平衡。

（一）第一防守姿势

1. 动作要领

以实战姿势开始，剑尖下落，前臂内旋，手心向下。手腕微屈，持剑臂内移，将剑移至第一部位。具体来说，持剑手臂半屈，高度与胸持平，另一手仍保持实战时的姿势。在防守时，持剑臂内旋，使手心转向内侧，同时以前臂带动剑身向内移至第四部位，剑尖与护手盘同时平行向内移至第四部位。第一防守姿势正面、侧面示意图如图 3-12 所示[①]。

2. 易犯错误

1）前臂内旋屈腕不及时。持剑臂需要内旋，使手心转向内侧，同时前臂需要屈曲。如果前臂内旋和屈腕动作不及时，可能导致剑尖无法有效下落，从而无法有效防

---

① 林永升.高等学校击剑教学法［M］.北京：人民体育出版社,1996:12.

正　　　　　　　　　　　　侧

图 3 - 12　第一防守姿势正面、侧面示意图

守对手的进攻。此外,前臂内旋和屈腕动作不及时还可能导致前臂和腕部的肌肉紧张,使运动员受伤的风险增加。

2) 肩关节紧张,内移不及时。处于防守姿势时,肩关节需要保持放松状态,并且需要及时内移,以保持身体的平衡和稳定性。如果肩关节过于紧张,不仅会影响防守姿势的稳定性,还可能导致肩部受伤。此外,肩关节内移不及时会导致身体重心偏移,从而影响防守的有效性。

3. 教学方法

1) 动作分解练习。学生需要掌握花剑的基本握剑姿势和实战姿势。持剑的手臂应半屈,高度与胸持平,剑尖向下并与膝同高。学生在实战姿势的基础上进行第一防守姿势的分解动作练习。持剑的手臂内旋,手心向下,手腕向下微屈并微微内收。

2) 双人练习,一名学生扮演进攻角色,刺向另一名学生的第一部位,而另一名学生则进行第一防守姿势的练习。通过这种方式,学生可以熟悉第一防守姿势的动作,并在实战中加以应用。在双人练习中,防守的学生需要保持将剑尖对准对方的有效部位,身体保持正直,防守动作幅度过大或偏离还击方向是不被允许的。

3) 结合步法和时机在移动中进行第一防守姿势练习。步法移动练习包括攻击或防守之前的动作,其间的动作,以及防守、攻击之后的步法动作。学生需要在移动中保持重心平稳,急停及时并能立即启动做出弓步刺或冲刺。在防守动作结束后,学生用转移刺或劈的办法攻击对手,这是针对对手在进行快速收剑时候的动作。

(二) 第二防守姿势

1. 动作要领

以实战姿势开始,持剑手臂与腰同高,肘关节弯曲,距离躯干腰部一拳高。剑身与身体外侧平行,持剑手臂内旋。剑尖指向前下方,与膝关节同高。持剑臂下落时,剑尖移动,手心转向下方,持剑臂下落,呈第二防守姿势。

具体来说,第二防守姿势的剑尖指向前外下方,手心朝向斜下方偏外,手臂微屈,手腕保持紧张。处于第二防守姿势时，剑尖的位置在第二部位，微屈肘，护手盘低于肘，动作为前臂内转并稍下落。第二防守姿势正面、侧面示意图如图 3-13 所示[①]。

图 3-13　第二防守姿势正面、侧面示意图

2. 易犯错误

1）剑尖下落时划的弧线过大。这一错误与剑尖移动幅度过大有关，在防守时，剑尖移动的轨迹应保持适当的弧度，避免弧线过大。

2）持剑臂肘关节外展，手腕过分放松，剑尖移动幅度过大。防守时，手腕应保持一定的紧张度以控制剑尖的移动，避免过分放松导致剑尖移动幅度过大。

3. 教学方法

1）对镜持剑练习，这一步骤的目的是帮助学生通过镜子来观察自己的手型和动作，确保动作的正确性和一致性。在花剑中，手型和动作的准确性对于防守和进攻来说都是至关重要的。通过反复练习，学生可以巩固正确的手型和动作，为后续学习防守姿势打下坚实的基础。

2）双人原地练习。两个人面对面站立，持剑呈实战姿势。一人模拟对手进攻，刺向对方的第二部位（通常是腰腹部），另一人则执行第二防守姿势。这种练习可以帮助防守方提升反应能力和防守技巧，同时也能让进攻方了解防守方的动作和反应。

3）在移动中进行第二防守姿势练习。在实战中，对手的进攻往往是在移动中进行的，因此，在移动中做出正确的防守姿势是非常重要的。通过在移动中练习第二防守姿势，防守方可以提高灵活性和应变能力，使其能够在比赛中更有效地应对对手的进攻。

（三）第三防守姿势

1. 动作要领

以实战姿势开始，持剑臂前臂与腕同时内旋，手心转向前下方。手臂在内旋的同

---

① 林永升.高等学校击剑教学法[M].北京:人民体育出版社,1996:12.

时,稍向外侧移动,手腕微背曲。第三防守姿势正面、侧面示意图如图 3 – 14 所示①。

正　　　　　　　　侧

图 3 – 14　第三防守姿势正面、侧面示意图

2. 易犯错误

1）肘关节上抬或外展。肘关节应保持在身体的一拳到一掌距离内,避免外展或过度上抬。如果肘关节外展,会失去对剑身的控制,导致防守动作不到位,从而影响还击效果。此外,肘关节外展还可能导致肩部受伤,从而影响击剑运动员的整体表现。

2）剑尖移动幅度过大。这样做不仅会使剑尖偏离防守目标,还可能影响进攻路线和还击效果。剑尖移动幅度过大还可能导致防守动作幅度过大,偏离还击方向,从而影响整体战术执行效果。

3. 教学方法

1）对镜持剑练习,巩固手型与动作。学生面对镜子,持剑站立,保持身体平衡、重心稳定。剑尖指向第三部位,手心向前偏下,屈臂,小臂与地面平行,与腰同高。学生需要反复练习,确保每个动作都准确到位。

2）双人原地练习。两人面对面站立,一人持剑刺向对方的第三部位,另一人则执行第三防守姿势。攻击方需刺向对方的有效部位,防守方则需迅速做出反应,保持防守姿势到位。这种练习可以反复进行,以增强学生的实战能力。

3）在移动中做第三防守姿势练习。学生在移动中执行第三防守姿势,可以运用向前一步、弓步或跃步等不同的步法。在移动过程中,学生需保持重心稳定,剑尖指向第三部位,屈臂,小臂与地面平行。这种练习要求学员在移动中保持防守姿势的规范和稳定。

（四）第四防守姿势

1. 动作要领

以实战姿势开始,肘关节弯曲,前臂与大臂约成直角,腕关节微伸,肘距身体约一

---

① 林永升.高等学校击剑教学法［M］.北京:人民体育出版社,1996:13.

拳,手与腰部同高。持剑臂内旋,使手心转向内侧并稍微向上倾斜,在内旋的同时,以前臂带动剑身、剑尖与护手盘同时平行向内移动至第四部位,手指、手腕保持适度紧张。这些动作要领确保运动员在实战中能够有效地进行防守,同时保持对剑的控制和指向对手的有效攻击位置。第四防守姿势正面、侧面示意图如图 3-15 所示[①]。

正　　　　　　侧

图 3-15　第四防守姿势正面、侧面示意图

2. 易犯错误

1）防守时抬肘。正确的姿势应该是肘关节弯曲,前臂与上臂大约呈 90 度,肘距身体约一拳,手与腰部同高。

2）向内移动时出现前臂向后收,剑尖移动幅度过大,剑尖与护手盘没有同时移动。正确的防守姿势应该是持剑臂内旋,使手心转向内侧,同时以前臂带动剑身向内移至第四部位姿势进行防守。

3. 教学方法

1）持剑对镜练习,巩固手型与动作。学生需要保持正确的持剑姿势,剑尖指向前方。在对镜练习时,学生应确保剑尖对准对方有效部位,同时保持"三点成一线",即手臂、手腕和剑尖三点或一条直线。练习时,学生应保持直立,肘关节外展,前臂与上臂大约呈 90 度,腕关节微伸,肘距身体约一拳,手与腰部同高,手心向内。

2）双人原地练习,一人刺向另一方第四部位,另一人做第四防守姿势。进攻方应保持进攻动作的连贯性和准确性,防守方则需迅速做出反应,保持防守姿势到位。练习时,防守方需注意避免防守动作幅度过大或不到位的情况,确保防守姿势正确。

3）移动中以不同的距离进行第四防守姿势练习。学生可以以不同的距离进行移动练习,如后退一步完成第四防守还击,确保在移动中保持防守姿势的稳定性和有效性。练习时,学生应注重配合步法和控制重心,确保在移动中保持平衡和稳定性。

---

① 林永升.高等学校击剑教学法[M].北京:人民体育出版社,1996:13.

（五）第五防守姿势

1. 动作要领

第五防守姿势在第四部位,动作要领基本与第四防守姿势相同,区别在于第五防守姿势中手心要朝向前下方,比第四防守姿势中的位置低。小臂与地面平行,与腰同高。第五防守姿势正面、侧面示意图如图 3-16 所示。[①]

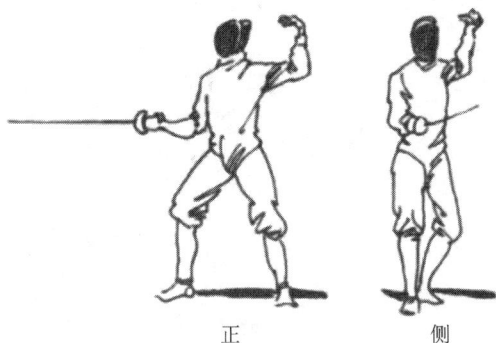

正　　　　　　侧

图 3-16　第五防守姿势正面、侧面示意图

2. 易犯错误

1）防守位置过高或过低。这样将无法有效保护身体的第四部位,导致防守不到位。

2）向内移动时出现前臂向后收的情况,剑尖移动幅度过大,剑尖与护手盘没有同时移动。这种错误同样将无法有效保护身体的第四部位,导致防守不到位。

3. 教学方法

1）教师强调第五防守姿势与第四防守姿势的区别与用法,学生对镜练习,巩固基本姿势。花剑第五防守姿势与第四防守姿势的主要区别在于剑尖的指向和手臂的位置。执行第五防守姿势时,剑尖向内前上方,手心向下,屈臂,小臂与地面平行,与腰同高。在对镜练习时,学生可以先从第四防守姿势开始,然后逐步过渡到第五防守姿势,注意剑尖和手臂的位置变化,确保动作规范。

2）双人原地练习,一人扮演进攻角色,刺向对方的第五部位,另一人则执行第五防守姿势。通过这种练习,学生可以熟悉对方的进攻路线和己方的防守动作,提升反应能力和协调性。

3）在移动中以不同距离进行第五防守姿势练习。在移动中进行第五防守姿势的练习可以帮助学生增加在实战中的适应性和灵活性。练习中可以设置不同的距离和速度,防守方在移动中执行第五防守姿势,以应对不同距离和速度的进攻。

---

① 林永升.高等学校击剑教学法［M］.北京:人民体育出版社,1996:14.

（六）第六防守姿势

1．动作要领

以实战姿势开始，持剑臂微外旋，使手心转向外斜上方，肘距身体约一掌，前臂与上臂大约呈 90 度，手与腰部同高。第六防守姿势与第四防守姿势方向相反，持剑臂在外旋的同时以前臂带动剑身，剑尖与护手盘同时平行向外移动至第四部位，手指、手腕保持适度紧张。第六防守姿势正面、侧面示意图如图 3－17 所示。[①]

图 3－17　第六防守姿势正面、侧面示意图

2．易犯错误

1）持剑臂外旋过多，暴露第四部位过多，剑尖偏离过多。这个错误主要发生在防守时，持剑手臂外旋过度，导致剑尖偏离了正确的方向，使运动员无法有效地进行防守或反击。在这种情况下，对手可以轻松地找到进攻的机会，从而对防守方造成威胁。

2）动作过慢，还击不利。在花剑比赛中，防守后的还击速度非常关键。如果防守动作过慢，容易造成二次进攻失去优先裁判权，运动员不仅无法有效阻止对手的进攻，还可能给对手创造反击的机会。在这种情况下，防守方需要在保持防守的同时，迅速做出反应，进行有效的还击。

3．教学方法

1）持剑对镜练习，巩固手型与动作。学生通过镜子观察自己的第六防守姿势和动作，以确保动作的正确性和一致性。

2）双人原地练习，一人刺向另一第六部位，另一人做第六防守姿势。学生通过双人练习来熟悉第六防守姿势，强化对第六防守姿势的实战应用能力。

3）在移动中以不同距离进行第六防守姿势练习。学生通过移动和变化距离来练习第六防守姿势，以提高防守的灵活性和适应性。这种练习方式与快速、准确的步法练习相呼应，强调了在移动中判断防守时机的重要性。

[①] 林永升.高等学校击剑教学法［M］.北京:人民体育出版社,1996:14.

（七）第七防守姿势

1. 动作要领

第七防守姿势在第一部位,以实战姿势开始,剑尖下落,持剑臂手腕微内收,同时外旋前略外展手腕并向内移至第一部位,向内移动时,手心朝向前上方,前臂与地面平行,肘关节距离躯干一掌,剑身在身体内侧,剑尖与膝关节同高,手指、手腕适度紧张。第七防守姿势正面、侧面示意图如图 3 - 18 所示。[①]。

正　　　侧

图 3 - 18　第七防守姿势正面、侧面示意图

2. 易犯错误

1) 剑尖下落不到位,这意味着防守动作无法完全覆盖对方可能的进攻路线。

2) 出现上臂向后收,耸肩。这种错误会导致防守动作变形,影响手臂的伸展和剑尖的指向,使得防守动作无法有效执行。

3. 教学方法

1) 持剑对镜练习,巩固手型与动作。初学阶段,学生需要在镜子前进行持剑练习,确保手型和动作正确。

2) 双人原地练习,一人刺向另一人第七部位,另一人做第七防守姿势。通过这种练习,学生可以熟悉对手的进攻动作,并在实战中迅速做出反应。

3) 在移动中以不同的距离进行第七防守姿势练习。在不同的距离下,教师模拟对手的进攻动作,学生需要在移动中迅速执行第七防守姿势。这有助于学生在实战中更好地控制距离和反应速度,使学生更加全面掌握花剑第七防守姿势的技巧和应用。

（八）第八防守姿势

1. 动作要领

以实战姿势开始,剑在第二部位。手腕适度紧张,剑尖下落,前臂外旋带动剑身

---

① 林永升.高等学校击剑教学法[M].北京:人民体育出版社,1996:15.

划一个半圆弧线移至第二部位，手心斜向上方，剑尖在身体外侧，略高于膝关节。第八防守姿势正面、侧面示意图如图 3-19 所示①。

图 3-19　第八防守姿势正面、侧面示意图

2. 易犯错误

1）动作幅度过大。这种错误可能会导致防守不及时或不准确，从而影响整体的防守效果。

2）肘关节外展。这样可能会使防守姿势不稳定，容易被对手利用。

3）前臂位置过高。这样可能会使防守动作显得笨拙，容易被对手攻击。

4）仅用剑身进行防守。这样的错误可能会使防守不够有效，容易被对手突破。

5）控制剑的能力差。这样可能会使防守动作不够精准，容易被对手利用。

3. 教学方法

1）持剑对镜练习，巩固手型与动作。学生通过镜面反馈来纠正和巩固花剑第八防守姿势的手型和动作。第八防守姿势要求持剑臂半屈，肘距躯干一掌，手略低于肘关节，手心向上，护手盘与腰齐平，剑尖低于手而高于右膝，剑身在身体右侧 10 厘米左右处。

2）双人原地练习，一名学生扮演进攻角色，刺向对方的第二部位，另一名学生则执行第八防守姿势。这种双人练习有助于学生理解对手的进攻意图，并在实战中迅速做出反应。

3）在移动中以不同的距离进行第八防守姿势练习。学生在移动中保持第八防守姿势，以适应不同距离的进攻。学生需要在保持第八防守姿势的同时快速移动，以应对进攻者的不同进攻路线和距离。

---

① 林永升.高等学校击剑教学法[M].北京：人民体育出版社，1996：15.

（九）圆四防守

1. 动作要领

在花剑圆四防守中,运动员利用剑身围绕对手的剑划一个顺时针方向的半圆或整圆。以实战姿势开始,剑在第四部位。持剑臂肘关节弯曲,前臂与上臂大约呈 90 度,腕关节微伸,肘距身体约一掌,手与腰部同高,手心向内以手腕为轴,逆时针划一椭圆,手指控制剑尖的移动,持剑臂向内移动至第四防守姿势位置。圆四防守动作示意图如图 3 - 20 所示①。

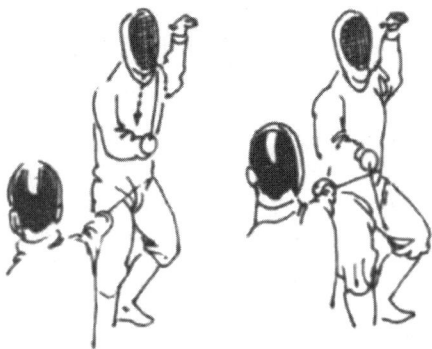

图 3 - 20　圆四防守动作示意图

2. 易犯错误

1）划圆过大,造成防守速度过慢。持剑手臂的移动和剑的轨迹有关。在花剑的防守动作中,如果手臂移动幅度过大,不仅会影响防守的速度,还可能使防守动作变形,不利于还击。

2）手腕过分放松,防守无力。在花剑中,手腕的放松是必要的,但过分放松会导致防守无力。正确的做法是手腕保持适度放松,以便在需要时能够迅速做出反应。

3. 教学方法

1）原地做划圆练习,两人同时进行绕对手护手盘的划圆四转移。这种练习可以帮助运动员熟悉圆四防守的动作,并且在原地进行可以更好地控制动作的准确性。

2）原地双人练习,一方刺向另一方第六部位,另一方进行圆四防守。在花剑比赛中,圆四防守可以有效地保护第六部位免受对手的攻击。当对手试图从第六部位发起攻击时,学员可以通过圆四防守动作,利用剑身画圆来抵挡或改变攻击路径。这种防守方式不仅具有高度的灵活性,还能够制造反击的机会。

3）在移动中进行双人练习,一方做一次转移进攻第六部位,另一方在后退中运用划圆四防守还击。这种练习模拟实战中的移动和进攻,可以提高运动员在移动中

---

① 林永升.高等学校击剑教学法[M].北京:人民体育出版社,1996:34.

的防守反应速度和准确性。

4）攻防双人练习，在规定的距离内，一方进攻，另一方运用圆四防守还击。这种练习可以模拟实战中的攻防转换情境，能够提高运动员的实战能力。

（十）圆六防守

1. 动作要领

花剑圆六防守的动作要领与圆四防守基本相同，主要区别在于转移的方向。具体来说，圆六防守是剑尖按逆时针方向进行划圆。这一动作的核心在于以持剑手臂为中心，手腕带动剑身逆时针旋转划出一个圆弧，然后迅速将剑身回归到原来的位置，从而改变对手进攻的线路，并抓住机会进行反击。圆六防守动作示意图如图 3-21 所示[①]。

图 3-21 圆六防守动作示意图

2. 易犯错误

1）手臂和肩部的动作过大。这种错误不仅会影响防守的准确性，还可能导致运动员在防守过程中失去平衡，进而影响后续的反击动作。因此，运动员需要控制好手臂和肩部的动作，确保防守动作的精确和稳定性。

2）重心上下起伏。这种错误会导致运动员在防守过程中失去平衡，从而影响防守的效果和反击的成功率。因此，运动员需要保持稳定的重心，确保在防守过程中能够有效地改变对手的进攻线路。

3. 教学方法

1）原地划圆练习，学生进行绕对手护手盘的圆六缠剑。这种练习可以帮助学生熟悉圆六防守的动作，并且在原地进行可以使学生更好地控制好动作，使动作准确。

2）原地双人练习，一方刺向另一方第四部位，另一方进行圆六防守。这种练习可以增强运动员对第四部位攻击的反应能力，同时练习圆六防守的动作。

---

① 林永升.高等学校击剑教学法[M].北京：人民体育出版社,1996:34.

3）攻防双人练习,在规定的距离内,一方进攻,另一方运用圆六防守还击。这种练习可以模拟实战中的攻防转换情境,能够提高运动员的实战能力。

4）在移动中进行双人练习,一方在移动中做一次转移进攻第四部位,另一方在后退中运用圆六防守还击。这种练习通过模拟实战中的移动和进攻,可以提高运动员在移动中的防守反应速度和准确性。

(十一)击打防守

1.动作要领

击打防守是花剑比赛中的一种常用防守技巧,其目的是通过击打对手的剑来打开对手的进攻,从而达到防守的目的。击打防守动作小、速度快,与进攻和还击的结合较为密切,容易相互转化。击打防守动作通常用于改变刺击点,使对手的剑脱离接触,从而方便进行下一步的进攻或还击。

2.易犯错误

1）击打部位不正确,打到对手的强部,未能打开对手的进攻。如果击打到对手的强部,即对手的强攻部位,未能打开对手的进攻,这将导致防守失败。正确的击打部位应是对手的弱点或非强攻部位,这样才能有效地打开对手的进攻路线。

2）击打动作过大。若击打动作过大,不仅容易被对手抓住机会反击,还可能导致自身失去平衡,增加被击中的风险。因此,击打动作应尽量控制在合理范围内,避免过大。

3.教学方法

1）双人练习,原地对不同部位进行击打练习,一方扮演进攻方角色,另一方扮演防守方角色。

2）在移动中,一方进攻,一方运用击打防守执行破坏进攻的防守还击。这种练习更加接近实战,可以提高学生在实战中的反应速度和灵活性。

三、还击技术

花剑中的还击技术可以分为简单还击和复杂还击,其中简单还击又分为直接还击和间接还击。直接还击是最常用和最基本的还击方法,通常在防守后未离开防守线而击中对手。间接还击则是在防守后剑身在对方的剑身上滑动而击中对手。复杂还击包括转移还击、缠剑还击、交叉还击、相对速度还击和反还击等。

(一)直接还击

在花剑中,直接还击是一种十分常见且基础的还击方法。直接还击是在对方进攻后,双方处于近距离时,己方在防守线上直接还击或接触对方剑身进行还击。这种方法由于是近距离执行,速度非常快,且技术相对简单,因此,初学者较多采用。

（二）间接还击

与直接还击相比，间接还击更为复杂，更具技巧性。间接还击是在防守动作完成后，以在对手的剑身上进行滑动为过渡动作，最终击中对手。滑动剑身的动作不仅可以作为调整攻击角度和力度的手段，还可以在一定程度上干扰对手的防守和反击节奏。

花剑中间接还击的具体操作方法为：在对手发起攻击时，迅速做出防守动作，确保剑身能够有效地阻挡对手的进攻。在防守成功后，利用剑身在对手的剑身上进行滑动。在滑动剑身后，迅速调整攻击线路和角度，以最快速度发起反击。反击时，要充分利用身体的力量和速度，确保能够准确击中对手的有效部位。

（三）转移还击

转移还击是在防守后采用转移刺的方法去攻击对手所暴露部位的还击方法，是针对对手进攻后快速还原并做出防守动作的情况所采用的还击方式。运动员应根据不同的距离采用不同的转移还击方式。对于进攻后双方距离较近，直接还击容易被对手防住的情况，运动员应在防守后稍做停顿再用转移刺的动作攻击对手暴露的部位。若对手进攻后立即回收，使双方距离拉开，已方防守后应先稍向前伸臂以引起对手的防守反应，随后立即做转移刺的动作攻击对手暴露部位。

（四）缠剑还击

缠剑还击是防守后用剑缠住对方的剑还击对方薄弱部位的还击方法。缠剑还击一般运用于对抗防守还击中，常用的方式有第四防守缠剑刺腰、第六防守缠剑刺小腹等。缠剑还击的技巧在于如何有效地缠住对方的剑，并在合适的时机进行还击。这需要运动员具备良好的剑感和较快的反应速度，并能够对对手的动作进行准确判断。缠剑还击不仅是一种防守还击技术，也是一种进攻技术，因为运动员可以在缠剑的过程中寻找对方的薄弱部位进行攻击。

（五）交叉还击

交叉还击是指防守后剑身向后拉，绕过对手剑尖向另一暴露部位刺去。交叉还击容易使对手防守失误，因为这种方法变换方向快、还击速度快，同时又能快速夺取优先判决权。在花剑中，交叉还击一般在对手进攻的对抗力较大、剑离身体较远或对手回收得较快的情况下使用。在近距离交锋中，第一防守交叉刺和第二防守交叉刺运用得较多；而在跟进还击中，第四防守交叉还击和第六防守交叉还击在比赛中则运用较多。

（六）相对速度还击

相对速度还击是在防守后稍稍停顿，或做晃剑，或连续转移，从而错开对手的动作节奏，攻击其暴露部位的还击方法。相对速度还击是在面对防守能力较强或动作速度较快的对手时运用的还击方法，是一种利用时间差的攻击行动，属于复杂还击。相对速度还击是一种高级的还击技巧，要运用这种方法，运动员不仅需要具备高超的剑术技巧，还需要有良好的战术意识和快速反应能力。

（七）反还击

反还击是指进攻被对手防守还击时，立即回收，做出防守后紧接下来的攻击动作，要求运动员具备快速应变能力、良好的距离感和时机感。随着进攻能力与防守能力的不断发展，反还击技术在花剑比赛中越来越常见，并且成为现代击剑比赛中的一项重要技能。

四、反攻技术

反攻是在对手发动进攻时做出的攻击行动。反攻是一种积极防御的方法，要想使反攻取得好的效果，必须将防守技术和灵活的步法结合起来，原地反攻、向前反攻等都是出其不意地破坏对手进攻距离的防守方法。

（一）原地反攻

在对手发动进攻时原地伸臂攻击对手的行动被称为原地反攻。当发动进攻的一方脚步移动太快或者持剑臂明显偏移时，另一方可采用原地反攻。运动员在进行这种反攻时，应先做出具有欺骗性的前置动作，比如做出后退防守的假动作，当对手采用远距离复杂进攻时，己方进行原地反攻，也可以在对手进行击打进攻时，采用摆脱剑而使对手扑空的反攻策略。

（二）下蹲反攻

花剑中的下蹲反攻与原地反攻的区别在于，下蹲反攻需要运动员突然改变身体位置进行躲闪以避开对手的剑，然后采用反攻动作。具体来说，当对手进攻时，运动员会突然下蹲躲闪，同时伸臂反攻刺向对手。这种动作在花剑和佩剑中较为常见，通常与反攻相配合。下蹲反攻时，运动员可以用剑刺侧面或将剑由下往上刺。然而，根据对近年来花剑比赛的分析，下蹲反攻战术使用频率较小，因为运动员往往习惯于在闪避对方攻击后立即进行反击，而不是下蹲后再进行反击，这种习惯导致了下蹲反攻战术使用频率的降低。除此之外，下蹲反攻战术还存在技术难度大、风险系数高等因素。

（三）侧身反攻

花剑中的侧身反攻是一种结合了躲闪和反攻的战术，是通过侧身躲闪步和伸臂反攻对手的有效部位，以有效地应对对手的进攻并进行反击。当对手进攻时，运动员首先采用侧身躲闪步，即后脚向背侧跨一步，使身体正面部位向背侧躲开。这种步法可以使运动员有效地避开对手的攻击。在躲闪的同时，运动员伸臂反攻对手的有效部位。为了提高这种战术的执行效果，运动员需要进行步法训练，特别是要提高肌肉的快速收缩速度和神经系统的灵活性。

（四）向前反攻

向前反攻是一种破坏对手进攻距离的动作。在对手要运用向前一步或弓步进攻时，运动员突然向前靠近以破坏对手的进攻距离，因为距离较近，在刺的时候一般不会伸直手臂，会采用不同的刺的位置，屈臂，剑尖刺向对手有效部位。通过控制距离和采用正确的刺击位置，运动员可以在实战中获得得分机会。

（五）后退反攻

后退反攻是在后退中伸剑刺向对手的动作。一般来说，手臂较长的运动员在同样的距离中会先刺中手臂较短的一方，运动员可在后退时伸剑对对方造成威胁，如果进攻方向前冲得太快，会被后退方的剑先击中。运动员也可以在后退中用剑尖击刺对方。

（六）弓步反攻

与向前反攻相似，弓步反攻是一种在对手准备进攻或冲刺进攻时使用的战术，通过快速大弓步进行反击，运动员可以有效地打断对手的进攻节奏，从而获得进攻机会。

（七）冲刺反攻

冲刺反攻是一种属于向前反攻的方法。冲刺反攻是在对手准备进攻时，运动员利用对手犹豫或停顿的时间，通过快速的冲刺来进行反攻。这种战术通常在后退中运用，它不仅能够使运动员有效地反击对手的进攻，还能使其在比赛中占据主动。

五、提升防守综合能力

（一）加强防守动作的基本练习

在防守练习初期，为了巩固防守动作，提升防守动作的正确性，提高对动作的熟练程度，运动员可采用原地双人练习的方法，在原地与同伴进行对抗训练，模拟真实的比赛环境。通过这种方式,运动员可以更好地体会防守动作的要领,并在实际对抗中巩固基本动作技巧。运动员可以运用对镜练习的方法,通过观察自己的动作,可以更直观地发现并纠正动作中的错误,从而提高防守动作的正确性和对动作的熟练程度。

(二)提高选用不同防守姿势能力的练习

这个练习是为了提高在对手进攻时,运动员运用不同距离、不同角度选用不同的防守姿势的能力。在不同距离应对对手的进攻动作时,运动员应采用不同的姿势进行防守。一般在进行双人练习时,一名运动员可以模拟对手的进攻动作,另一名运动员则根据这些动作选择合适的防守姿势。例如,当对手进行直刺进攻时,防守的运动员可以采用防守姿势,将剑尖对准对方的有效部位,同时保持身体的平衡和重心的稳定。此外,运动员还需要注意步法的衔接和移动的连贯性,确保在防守时能够迅速反应并进行有效的还击。在表象训练法中,运动员可以通过模拟对手的进攻动作,进行无实物的防守姿势练习。例如,运动员可以想象对手从不同角度和距离进行进攻,然后根据这些想象中的进攻动作选择合适的防守姿势。这种练习有助于提高运动员的应变能力和反应速度,使其在实际比赛中能够更加灵活地应对各种进攻。

(三)提高判断防守距离能力的练习

为了提高判断对手进攻时其剑与自己之间空间距离的感知能力,运动员可采用同一防守姿势在不同距离中进行防守练习。步法训练是控制距离的关键。通过勤练步法,运动员可以掌握快速接近对手或保持安全距离的技巧,从而更好地控制比赛的节奏和场面。步法训练包括向前一步、后退一步、弓步等基本步法方面的训练,这些训练有助于提高运动员的灵活性和快速反应能力。距离防守是依靠步法来退出对方攻击的距离以达到防守的目的。这种方法要求运动员有良好的距离感和节奏感并具备快速、灵活的步法转移能力。距离防守经常与反攻配合使用,运动员一般采用距离感练习,对近距离、中距离与远距离中的防守用法建立动作感知觉,加强在不同距离情况下的判断能力。

(四)提高运用距离和闪躲防守、反攻能力的练习

闪躲防守是通过身体位置的变化来避开对手攻击的防守方式。闪躲的基本方法包括下蹲和侧身攻。在实战中,运动员通过灵活运用闪躲不仅可以消耗对手的体力,还能趁机寻找对手的漏洞,顺势给予其有效打击。闪躲防守经常与反攻相配合。

(五)提高将闪躲与反攻等动作运用于防守中的能力

闪躲与反攻等动作在防守中的运用是提高竞技水平的关键因素之一。闪躲动作主要是依靠身体位置的变化来避开对手的攻击,这在花剑和佩剑中运用得较多,它经

常与反攻相配合,如下蹲反攻和侧身反攻。通过模拟对手的攻击并进行反击训练,运动员可以提高防守反应速度和准确性。

（六）提高近距离防守能力的练习

提高近距离防守能力的练习是提高在近距离交锋中防守的动作幅度、角度与力量的能力。步法是花剑防守中最重要的部分之一。通过勤练步法,运动员可以快速接近对手或保持安全距离,同时利用节奏的变化进行有效的进攻和防守。良好的步法训练包括快速移动、灵活转身和保持平衡。

（七）提高防守时机能力的练习

提高防守时机能力的练习是指提高寻找、捕捉有利的时机,采用主动防御的能力。首先,运动员要熟悉花剑的八个基本防守姿势,这些姿势是根据花剑规定的刺中部位而产生的。在防守动作结束后,运动员用转移刺或劈的办法攻击对手。这是针对对手快速收手时的动作,运动员要根据不同的距离采用不同的还击方式。在双人练习中,由一方主动运动或双方不受约束地维持有效间距,规定一方在位移阶段抓住机会果敢攻击,而另一方需要在保证位移的状态中针对对方的攻势做出及时的防守。

第三节　花剑的基本战术

花剑战术的运用需要根据其独特的比赛规则和特点来制定。花剑是完全依靠刺击得分的竞技运动,这意味着运动员必须精确地用剑尖刺中对方的有效部位,即躯干区域。在花剑的正式比赛中,运动员使用电动花剑,并且须在有效部位穿着金属背心。当金属背心被击中时,电动裁判器会显示彩灯,而当无效部位被击中时,裁判器则显示白灯。如果双方同时击中有效部位,主裁判将按照优先裁判权原则进行判决。

花剑比赛强调"击中优先权",即先发动攻击并成功击中有效部位的选手得分。因此,选手需要在保持进攻的同时,尽量避免被对方反击得分。此外,由于花剑轻巧、有效击中面积小、攻防转换快,多回合的连续交锋频繁发生,这就要求选手的技术动作应准确、精细。花剑战术的运用不仅依赖于运动员的技术和身体条件,还需要运动员对比赛规则有深刻的理解并能够对对手行为进行精准预判。通过科学的训练和对实战经验的积累,运动员可以更好地发挥自身优势,制定出最适合自己的比赛策略。

一、进攻战术

（一）紧逼进攻战术

1. 战术要点

紧逼进攻战术是一种强攻型战术,该战术主要针对防守型的对手,是争取主动进攻的一种基本战术。紧逼进攻战术以攻为主,要求运动员具备控制对手出剑的能力、较强的交锋能力和连续威胁对手的能力。运用紧逼进攻战术,运动员首先要保持对自身有利的进攻距离和时机,敢于接近对手并控制住对手的还击,迫使对手处于被动状态。其次,运动员应根据自己的能力与技战术的特点、打法等,运用灵活的步法与节奏变化调整距离,跟上对手节奏的变化以控制好有利距离,运用手上动作通过武器接触、威胁对手,制约对手的还击与干扰,使对手处在被动状态。

花剑紧逼进攻战术的核心在于通过积极主动的进攻来控制比赛节奏,迫使对手做出反应,并在交锋中不断威胁对手,从而在比赛中取得优势[①]。这种战术不仅要求运动员具备高超的技术水平,还需要运动员具有强大的心理素质并能够对比赛节奏进行精准把握。

2. 练习方法

在熟练运用紧逼进攻战术中步法是非常重要的。运动员可以通过在专项准备活动中进行步法练习来提高这一技能。具体来说,运动员可以采用一般性单人步法练习和实战性步法练习相结合的方式。在实战性步法练习中,双人练习模仿比赛步法的重点是:进攻方向前紧逼时,在剑的变化方面要求交锋能力强,不被对手防守,始终占据有利位置,使对手无法出剑。

3. 技术提示

在躲避对手防守动作时,进攻的转移与步法动作过大。这种错误会导致被对手在后退防守中抢攻或顶靠,从而在进攻中错失刺的时机。运用紧逼进攻战术时,除了要注意对距离的控制之外,对于剑的控制也非常重要,在进攻中剑尖要始终威胁对方的有效部位。

(二) 快速进攻战术

1. 战术要点

在花剑比赛中,快速进攻战术是掌握比赛主动权的重要手段。运用简单直接的快速进攻可以帮助运动员创造、捕捉有利的时机并果断采取快速的进攻行动,从而以速度取胜。

花剑比赛中快速进攻战术的核心在于速度、准确性和对时机的把握[②]。运动员需要掌握正确的姿势、多种攻击和防御技巧,才能在比赛中获得胜利。通过积极主动的进攻,运动员可以在花剑比赛中占据主动权,以速度和技巧取胜。

2. 练习方法

1) 开始练习时,运动员可先进行简单的快速进攻练习,在交锋距离内,进行简单

① 褚伟.击剑裁判器参数修改后对花剑运动员攻防对抗能力的影响[J].南京体育学院学报(自然科学版),2006(4):51-55.

② 刘娜娜.击剑运动力量训练与基本技术的结合及运用[J].武术研究,2024,9(12):137-140.

快速进攻,针对不同的进攻点进行简单进攻。

2）运动员在熟练掌握简单的一次快速进攻时,可让对手进攻,此时运用击打剑①、击剑线等动作干扰对手的进攻,迫使对手做出复杂进攻或改变距离的行动,由此获得对己方有利的进攻机会。

3）当对手有抢攻行动时,己方可通过向前紧逼暴露某一漏洞来诱骗对手抢攻,同时运用快速有效的进攻抢在对手抢攻之前完成进攻。

4）如果遇到防守能力较强的对手,己方不可有太明显的简单进攻,应适当调整进攻节奏,将简单进攻与复杂进攻相结合,观察时机,采取变化的战术。

3．技术提示

1）快速进攻战术主要是通过观察进而运用速度来进行的进攻战术,运动员在练习与运用中应该掌握好节奏。

2）注意节奏,比如当在交锋距离内对手暴露出防守漏洞时,己方进攻速度要快、进攻深度要够,否则会被对手抓住第二反应而进行防守反击。

3）当运动员在进攻中运用假动作或干扰对手进攻来获得快速进攻的时机时,要掩饰自己的真实意图,控制好距离。

（三）摆脱对手击打的进攻战术

1．战术要点

花剑摆脱战术针对的主要是善于在进攻或后退时运用击打获得主动权的对手。

1）运用花剑摆脱战术,运动员可以通过摆脱对手的击打动作,让对手打空而陷入被动,破坏对手的意图,在对手做出第二个进攻动作之前进行进攻。

2）在摆脱对手的击打后,运动员应立即寻找反击的机会。这通常需要运动员能够精准把握比赛节奏并敏锐地洞察对手的意图。运动员可以通过观察对手的动作习惯和攻击模式,提前预判其下一步动作,并在对手做出第二个进攻动作之前迅速反击。

3）花剑摆脱战术不仅要求运动员具备高超的技术水平和丰富的实战经验,还需要运动员在比赛中保持高度的警觉性和灵活的应变能力。通过有效的摆脱和反击,运动员可以在激烈的对抗中占据主动,并最终取得比赛的胜利。

2．练习方法

1）运动员在练习摆脱战术时,要熟练学习转移刺的技术,观察、判断要及时准确,摆脱时动作要及时突然。

2）运动员运用步法和剑为对手创造击打的条件,促使对手做出击打动作,然后用转移刺技术向对手做摆脱刺。

---

① 击打剑动作是指运动员在比赛中,利用剑身或剑尖对对手的剑进行快速而有力的敲击或碰撞,以改变对手剑的轨迹、速度或方向。

3）在摆脱的过程中运动员应高度集中注意力，看清对手的动作从而完成进攻。

4）如果摆脱剑后距离较远，不能完成直接进攻，运动员可跟进采取主动的进攻，不能有停顿，避免让对手有机会重新采取主动进行进攻。

3. 技术提示

过早摆脱，动作过敏，导致该战术失败。摆脱战术的成功依赖于对对手动作的准确预判和适时的反应。运动员需要通过系统的训练和实战经验积累，掌握正确的观察预判技巧和动作控制方法，避免出现过早摆脱和动作过敏的问题。只有这样，运动员才能在比赛中有效运用摆脱战术，取得胜利。此外，摆脱对手击打进攻的战术要求运动员必须通过观察进行预判，等对手做出进攻动作时才能采用摆脱技术，并取得成功。自信心也是确保战术运用效果的关键因素之一。运动员需要通过训练和比赛积累经验，增强自信心，才能做到在关键时刻冷静应对。

动作过敏是指在对手进攻时，自身反应过度，导致动作不协调或失误。在训练中应模拟比赛环境，进行对抗性练习，这样可以帮助运动员适应不同对手的进攻方式，并及时调整自己的动作。

（四）假进攻接反还击

1. 战术要点

假进攻接反还击战术主要是在应对防守能力强或善于运用反攻的对手时使用。运用该战术时，假动作要逼真，用进攻作为掩护，在适当的距离和深度，迫使对手必须进行防守或反攻。同时，假进攻开始接反还击时，动作要有加速度，在对手防守的速度之上，要出其不意，不能让对手有反还击的机会。

2. 练习方法

前面的假动作要为后面的反还击做好准备行动，在进攻中要有预判过程。运动员在训练中要加强防反意识，对对手的防守或反攻动作及时做出判断，从而进行反还击。

3. 技术提示

运用该战术时，容易导致失败的主要原因是假动作做得不真实，不能诱导对手做出防守还击动作。因此，运动员在运用假进攻接反还击战术时，进攻首先要有深度和逼真度，要逼迫对手必须进行防守，假进攻才能实现，才能为之后的反还击奠定基础。

（五）假进攻接真进攻

1. 战术要点

假进攻接真进攻战术在比赛中使用较多，也是运用战术变化的策略之中最基本的进攻战术之一。在交锋中使用该战术时，运动员主要运用假动作，包括运用脚下步法与手上剑的动作来诱导对手做出错误的反应，再进行第二次的真进攻，做出有效的进攻动作。

2．练习方法

假动作要做到真假结合。运动员在练习运用假进攻接真进攻战术时，第一次假进攻要做到真假结合，例如，用简单直刺向第四部位，在进攻深度上，剑尖要过对手护手盘，如对手没有防守动作，可直接刺向对手，如果对手运用了防守动作，即做出相应的转移进攻，如果对手后退，就需要跟进进攻。

3．技术提示

该战术主要是通过第一个假进攻来给第二次真进攻制造机会。

1）在练习时，假动作要到位，如果假进攻动作不够自然或容易被识破，可以通过增加练习次数和调整动作细节来进行改进。运动员应熟练运用挑引、刺等技术进行练习。

2）加强基础体能训练，提高上肢力量和耐力，有助于运动员更好地控制剑身和执行复杂的动作。运动员可以定期进行跑步和其他有氧运动，以增强心肺功能和整体体能。

3）在实战中保持冷静，避免因紧张而导致动作失误。运动员可以通过心理训练和模拟比赛来增强自信心和应变能力。

（六）破联合防守

1．战术要点

联合防守是指多个防守的组合。在运用联合防守时，防守动作较多，进攻者判断起来有难度。

1）进攻者在突破了对手的第一个防守时，对手可以依靠接下来的防守保护自己不被刺中。针对这种情况，进攻者要采用破联合防守战术，寻找有利于自己的时间区段，做相对速度的进攻。也就是说，每个防守动作之间都会有一个时间差，例如第四防守接第六防守再接划圆四的防守中，在防守动作衔接期间会出现一些时间段，进攻者可以利用这样的时间差发出进攻。

2）破联合防守战术需要及时有效地预判，通过观察对手经常运用的防守动作，运动员可以在一定程度上了解其防守意图，进而凭借速度破坏对手的防守体系。

2．练习方法

在花剑训练中，破除对手的联合防守是一项高级技巧，需要通过精确的进攻时机和动作来实现。

1）一种有效的练习方法是先伸手臂，利用对手的防守反应作为引子，迅速进行相对速度的进攻。为了提高这种技巧，运动员可以适当将剑拿远一些，以避免出现过多的打剑和防守接触，同时保持良好的距离感和节奏感。

2）在练习中，运动员要熟练掌握时机感，当对手的防守出现"漏洞"时，立即利用相对速度的优势进行进攻。这要求运动员具备敏锐的观察力、快速的反应能力和精准的剑术技巧。通过条件实战模拟真实比赛环境的对抗训练，运动员可以有效提高实战能力,同时在紧张的比赛中保持冷静。

3. 技术提示

1) 反应速度慢。在破联合防守战术中,对手通常会通过快速移动和变换姿势来限制己方进攻空间。如果不能及时反应并调整步法和出剑时机,己方容易被对手牵制住。运动员可以通过加强步法训练来提高步伐的速度和耐力。例如,可以进行连续向前或后退的平稳移动训练,这有助于提升整体的移动速度。弓步训练也很关键,通过设计不同距离的启动点,运动员可以逐步提高前脚的爆发力和刺靶准确性。

2) 动作迟缓。由于缺乏足够的训练,运动员可能在出剑或移动时因动作不够迅速而导致无法在短时间内占据有利位置。因此,运动员应提升出剑速度,在实战模拟中练习快速出剑,尤其是直刺动作,手臂要伸直并迅速刺出;利用晃剑或连续转移动作使对手防守落空,以慢一拍的节奏错开对手的防守,加速刺向对手暴露部位。

3) 节奏控制不当。击剑比赛中的节奏非常重要,运动员如果不能合理掌握进攻节奏,可能会在关键时刻失去主动权。在训练中,教师应当高度重视培养运动员掌控自身节奏的能力以及灵活适应节奏变化的本领,这涵盖了在限定的时间与空间框架内精准地执行起停、快慢速度转换以及方向与空间范围调整等一系列动作。在训练中模拟比赛情境,运动员练习在不同节奏下进行进攻和防守还击,可以提高对节奏变化的敏感度和应对能力。

(七) 对防守还击强的战术

1. 战术要点

针对防守还击强的对手,不能用简单或直接进攻,因为这样容易被对手利用距离与防守克制住。

1) 在面对防守还击强的对手时,首先要掌握对手的动作规律,通过观察和分析来找到对手的弱点和习惯套路。第二意图战术是一种非常有效的策略。运用该战术,运动员可以在第一次进攻引出对手的决定性防守还击后,再进行反还击。这种战术要求运动员具备良好的时机感和节奏感,能够在合适的时机做出反应并完成反还击。

2) 在实际操作中,运动员可以先紧逼对手,引出对手的进攻动作,然后利用反还击进行反击。这种战术的核心在于“拖”,即在无法成功进攻的情况下,通过拖延对方的进攻节奏,使对手失去平衡,并寻找机会进行反击。此外,还可以通过变换距离、攻击近处目标等方式分散对手的注意力,从而创造更多的进攻机会。

2. 练习方法

在练习过程中,运动员应当积极运用具备第二意图的多次进攻策略,或是灵活衔接相应的反击与强攻手段,以此来有效克制对手强大的防守能力。如果对手的进攻能力较弱,运动员可以适当诱引对手做出进攻动作从而进行反还击;如果对手没有做出进攻动作,则以第一次进攻引出对手的决定性防守还击,再用反还击应对。在练习中,首先要加强进攻的出手速度,运动员在面对防守能力较强的对手时,需要通过快速、准确的进攻来打破对方的防守。这样不仅能够制造出更多的进攻机会,还能找到对手的破绽。其次是通过改变步法节奏和使用上体、手上的假动作来迷惑对手,诱使对手做出错误的判断和反应①。例如,在击剑中,运动员可以通过假压剑接真击打的方式,对摆脱能力强的对手进行反击。在格斗中,运动员可以通过暴露出身体的一部分,诱使对手进攻那一部分,然后采取防守战术并进行反击。

3. 技术提示

1）在进攻时,不能盲目进行,要通过观察和分析对手的动作规律来制定战术,刚开始要做试探性进攻与多意图的准备。在面对防守还击强的对手时,运动员的进攻信心容易遭受打击,如果几次进攻都被对方防守还击,运动员会对自己的进攻能力产生消极心理。

2）如果难以直接攻破对手,可以采用第二意图战术,即以第一次进攻引出对手决定性的防守还击,再进行反还击。

3）在连续几次进攻都被对手防住后,不要急于求成,而是应冷静分析场上的形势。运动员应针对对手的得分点和在距离的把握上做好判断,对于每一剑要运用的战术都应做好充分准备,不出无准备之剑。

（八）破击剑线战术

1. 战术要点

在花剑比赛中,破击剑线战术是一项关键的技术,它要求运动员在对手形成击剑线并享有优先裁判权的情况下,通过巧妙的动作和策略来破坏对方的击剑线,从而夺取进攻的主动权。破坏对手击剑线的方式包括:借助假动作迷惑,利用快速的脚步移动和剑尖的变向,主动用剑身与对手的剑进行碰撞,改变进攻的节奏等。

2. 练习方法

1）在练习运用破击剑线战术时,主要以击打技术为主,例如以假压剑接真击打。

2）针对摆脱能力强的对手,要运用上、下击打,对于对手击剑线摆脱后的刺剑动作要有预判。

3）在执行击打动作时,应确保动作预兆微小,同时紧密配合反应的快速变化。一旦击打未能命中目标（即打空）,需立即做出调整,控制好行动,不要盲目继续进攻,而是转而寻找新的战机;一旦成功击中剑靶或对手,则应毫不犹豫地迅速衔接后续的进攻动作,充分利用这一有利时机扩大战果。

3. 技术提示

运用破击剑线战术时,手指、手腕对剑的控制尤为重要。

1）击打剑的动作要小和突然,紧接下一步的连贯动作,这些都要求手指、手腕具

---

① 马文波,马文娟.对攻技术在佩剑比赛中的特点及运用[J].辽宁体育科技,2016,38(3):122-124.

有良好的控制剑的能力。因此,运动员在练习中要注意对剑的灵活控制与动作的维持。

2)为了使对手难以判断己方真正意图,击打动作应尽量保持隐蔽和简洁,避免明显的动作预兆。

二、防守战术

(一)紧逼防守还击战术

1. 战术要点

运用紧逼防守还击战术时,要通过各种有效的紧逼行动,引诱对手进攻后达到防守还击的目的,从而制约对手进攻能力强的优势。对于进攻能力差的对手,可紧逼对手,迫使对手进攻,限制其发挥进攻特长,在紧逼中给对手一定的威胁,使其因紧张与慌乱而盲目出剑。

此战术的关键在于通过紧逼和引诱使对手露出破绽,并在合适的时机进行快速反击。这种方式不仅能有效制约对手的进攻优势,还能让对手在紧张和慌乱中失去最佳的进攻节奏和准确性。

2. 练习方法

利用突然进攻击打对手,利用真假强攻逼近对手,不断给对手制造压力,再利用假动作,例如动作过大、抬臂等明显的漏洞,让对手有机会反攻或抢攻,从而控制对手采取相应的紧逼防守还击战术。

3. 技术提示

1)在运用该战术时,容易导致失败的主要原因在于制造防守机会时的假动作与习惯动作的真实度不够,不能威胁对手使其做出进攻动作从而使己方得以防守。因此,运动员在练习中要注意动作要真实,同时要真假结合。

2)击剑中的防守还击需要运动员能够精确控制剑尖和护手盘的位置,并且要根据对方的距离、剑的速度和深度来合理完成步法。

3)距离感和节奏感也是至关重要的,运用良好的步法有助于运动员有效退开对方攻击的距离,达到防守的目的。在实际操作中,假动作应与真实动作相结合,以使对手的判断增加难度并为己方制造进攻机会。

(二)破对方紧逼战术

1. 战术要点

若要抑制对方紧逼,可通过争抢主动权发动进攻来阻止对手紧逼,还可采用击剑线抑制对手的进攻。通过良好的步法和节奏感,利用步法退开对方攻击的距离,以达到防守的目的。这种方法要求运动员具备快速、灵活的移动能力。

2. 练习方法

1）利用击剑线战术抑制对方的进攻。击剑线技术是通过保持持剑手臂伸直，剑尖连续威胁对手有效部位，从而限制对手快速进攻的一种战术手段。在比赛中，击剑线可以作为掩护，帮助己方从防御中转入进攻。运动员在通过击剑线摆脱的过程中，可利用击打、反攻、抢攻配合防守等组合来应对对手的进攻。

2）利用步法的节奏变化以及手上、上体的假动作来引诱对方，用击打进行进攻或抢攻。在实战中，运动员可以通过假防真抢、假抢真防、拉开距离防、上前破坏距离截击防等方法来应对紧逼。

3. 技术提示

1）在运用破对方紧逼战术时脚步移动要灵活，在运用击剑线抑制对手紧逼过程中，要加强对剑的控制。

2）在对抗过程中，运动员有时因过度聚焦于对手的动作，反而可能导致自身失去平衡。为了改善这一问题，运动员应着重练习站姿，通过单脚站立、重心转移等专项训练来提升身体的稳定性和协调性。同时，运动员需要学习并熟练掌握正确的步法技巧，例如垫步和跃步，这些步法不仅能够帮助运动员在移动中保持良好的身体姿势，还能确保运动员在攻防转换时维持必要的平衡。

3）被对方紧逼中急于进攻，未能找到合适的时机进行有效攻击。运动员应观察对手的动作，学会感知对手的准备动作，如肩部紧张或膝盖伸展等，提前预判其意图。运动员可利用多点进攻策略，从不同角度发动攻击，为对手的防守增加难度。

（三）击剑线抢靠战术

1. 战术要点

击剑线抢靠战术用于针对善于进攻的对手，特别是进攻能力很强的对手，这类对手有着强烈的进攻意识，其进攻速度快、深度大，具有威胁性，但在对手进攻时防御意识较弱，在这种情况下，运动员可使用该战术，主要依靠击剑线来遏制对手凶猛的进攻，同时抓住时机进行抢靠。

2. 练习方法

1）当对手发起逼近式进攻时，或是在发起攻势之前，己方应迅速构建击剑线或伸展手臂形成威胁态势，以此作为障碍，迫使对手减缓其进攻速度，并使其注意力转移到努力破解击剑线上。一旦对手采取动作意图打破这一防线，己方应立即抓住时机，迅速向前逼近并倚靠对手，利用对手的动作惯性或反应时间差，为己方创造反击或进一步进攻的有利条件。

2）在教师的指导下，运动员进行双人对抗练习，这样可以有效帮助运动员熟练掌握击剑线等技战术动作。在练习中，运动员可以持剑或不持剑，应保持有效的交锋距离，并通过模拟实战场景来提升自己的反应速度和进攻意识。

3）准确把握时机是击剑战术成功的关键。运动员可以通过技战术训练和核心区力量训练,提高对时机的感知能力,从而在比赛中做出快速而准确的决策。

3. 技术提示

1)向前抢靠时,身体动作幅度不宜过大,容易被对手发现并预判下一步行动,从而削弱了攻击的突然性。为避免攻击意图明显或动作预兆大的错误,可以采用小步快进的方式,这样可以减少身体重心的变化,避免给对手留下过多的预判线索。

2)出剑一定要快,要抢在对手进攻之前就刺中对手。运动员可通过专门的训练来提高出剑的速度,可以通过双人对练和模拟实战来加强出剑速度,同时应注意观察对手的动作,以便在合适的时机迅速出手。

(四)反攻接防守还击战术

1. 战术要点

运动员在运用反攻接防守还击战术时,主要是利用身高、臂长的优势,同时在后退中寻找机会衔接近距离的进攻,并在对手进攻时先伸臂反攻。在后退中,运动员运用反攻结合防守进行还击。

2. 训练方法

1)在运用反攻时,要掌握好对手进攻的时间,反攻动作要突然、快速,在对手刺中之前就应该成功完成反攻动作,多运用顶住或点刺的技术动作。

2)防守还击时,一旦持剑臂伸直即开始后退,同时收臂进行防守还击。

3. 技术提示

1)运用该战术时,对时机的捕捉与把握尤为重要。在反攻中出剑要坚决,看准时机就要刺击。

2)在双人练习中,可以根据身高来安排角色,以一高一矮两人进行练习时,此战术运用效果较为明显。在运用此战术,反攻动作要突然、快速,特别是要刺向对手,才能让对手有防守反应,这也是己方下一步还击的前提。

3)注意后退中不要离端线太近,如果第一次反攻失败,很容易被对手紧逼出界。

(五)对善于进攻的对手

1. 战术要点

针对善于进攻的对手,应运用的战术主要是限制对手,使其无法进行连续流畅的进攻,在对手发动进攻时制造麻烦。运动员可通过良好的步法来退开对方攻击的距离,距离防守是最可靠的防守方法,该战术要求运动员有良好的距离感、节奏感和快速反应能力。

2. 练习方法

在练习中,运动员运用刺、靠、抢等干扰对手的进攻,不断给对手制造麻烦。运动员可以练习速度适中但精准的冲刺刺背或弓步刺腰的进攻方式,这样的练习有助于提升动作的精确度和对力量的控制。同时,运动员也可以运用假动作向前佯攻,诱使对手做出下蹲反攻的动作，随后迅速运用第一还击技巧刺向对手的背部。此外，运动员还可以结合向前假进攻的动作，紧接着实施第二防守交叉还击，再次瞄准对手的背部进行刺击。

3．技术提示

在对手进攻时，己方变化要多，不能让善于进攻的对手在交锋中找到规律。出剑要快、准，不能消极后退地等待对手出击进攻，这样容易陷入被动挨打的局面，因此，运动员应注意控制场上的进攻节奏。

（六）破转移进攻

1．战术要点

在花剑比赛中，转移进攻是摆脱防守的一种进攻战术。它要求运动员通过剑尖的转移来迷惑对手，并在对手暴露破绽时发动进攻。相应地，破转移进攻战术则要求运动员具备识别和应对这种转移进攻的能力。通过观察对手的转移进攻习惯，预判其可能的进攻线路和角度。在对手进行转移进攻时，保持稳定的防守姿态，避免被对手的假动作所迷惑。在对手发动转移进攻的瞬间，主动发起进攻，以攻制攻。此外，需要熟悉并充分利用比赛规则，如优先裁判权等，来限制对手的转移进攻。

2．练习方法

通过模拟比赛和实战演练来检验战术的有效性，并根据反馈进行调整和优化；与教练和队友保持密切的沟通和合作，共同分析和研究对手的转移进攻方式，制定更有效的破转移进攻战术。

3．技术提示

在训练中加强破转移进攻战术的练习，提高动作的速度以及准确性和协调性。在比赛中保持积极的心态，避免因对手的转移进攻而产生恐惧或焦虑情绪。

（七）破击打进攻战术

1．战术要点

击打进攻战术是比赛中较为常见的进攻战术，是指对手在进攻时运用击打掌握主动权的同时，用剑打开防守点以争取时间采取进攻行动的战术。破击打进攻战术是要在对手击打的同时摆脱对手，让对手第一步的战术失效，或者在对手击打之前采取抑制对手击打的战术。对于进攻能力差的对手，可以采取一种紧逼战术，即通过紧密地跟随并压迫对手，诱导其发起进攻。这种策略的核心在于利用对手的进攻弱点，巧妙地规避对手的强项，转而攻击对手防守上的薄弱环节。

2．练习方法

可在练习中运用反击打防守还击。对手刚击打之后还未刺中的时候，己方可反击打对手的剑进行还击。也可在对方击打时，己方立即向前伸臂反攻，破坏对方的进攻距离。运动员可以在对手击打之前或者击打的同时迅速采取抢攻策略，力求先击中对手,打乱对手的节奏,使对手在受到击打后难以完成后续的直刺动作,因为此时其身体姿态和角度已不利于有效出击。在此基础上,运动员可以灵活运用摆脱动作和对抗刺技巧,通过灵活的移动和精确的刺击,进一步限制对手的反击能力,确保己方在交锋中占据上风。

3. 技术提示

1)击打的部位一定要正确,要用强部击打弱部,在抑制对手击打进攻的时候,注意把握时机。

2)破击打进攻战术的关键在于快速反应和灵活应对,避免被对方的进攻节奏所控制。

3)在交锋中,通过防守反击和反攻来破坏对方的进攻距离。

三、心理战术

心理是人脑对客观现实的反映。技术、体能、心理素质和战术之间是相互联系、相互依存、相互制约的辩证关系。技术、体能是战术的物质基础,心理素质是战术的思想保证。在比赛中,技术、体能、心理素质总是在具体的战术配合、战术行动中体现出来并发挥作用;反之,先进的战术可以促进技术、体能、心理素质的提高和发展。

在击剑比赛中,心理素质的好坏不仅会影响运动员的情绪和行为,还直接关系到运动员技战术水平的发挥和比赛的最终结果。如果一名运动员的技术很好,但是在比赛中出现慌乱、紧张、过于激动等不良心理状态,就会影响技战术的实施,导致其不能发挥出良好的技战术水平。因此,心理训练应与技术、战术、体能训练有机地结合起来,并针对运动员可能出现的心理问题实施训练与调控,以帮助运动员形成良好的竞技状态。

(一) 利用对手心理变化的弱点

心理的变化是伴随着比赛情况的变化而发生的。在击剑比赛中,运动员的心理状态会受到多种因素的影响,包括比分、时间、对手的策略等[①]。在击剑比赛中,在最后一剑的关键剑时刻,运动员会出现犹豫不决的心理,出剑会比较谨慎;在比分落后并且差距比较大时,运动员会出现气馁消极的心理;在比赛时间快结束或比分差距比较大时,运动员会出现急躁心理;在团体赛的关键剑时刻,运动员会产生过重的心理负担,怕输掉比分影响队友;挑战鹰眼成功与否会助长或打击运动员的自信心等。一名优秀的击剑选手可以在比赛中根据临场情况猜测与判断对手的心理,并且抓住对手于心理变化中存在的弱点,比如,对手在急躁时会减少复杂进攻,多以冲刺或直接进攻为主,在对手犹豫不决时,己方往往可以果断出剑。

随着比赛情况不断发生变化,运动员需要根据临场情况,猜测与判断对手的心

---

① 王海滨. 中国击剑队备战第 29 届奥运会的训练研究[J]. 中国体育科技,2006(4):3-6.

理,并且抓住对手于心理变化中存在的弱点,进行相应的技战术调整。这不仅需要运动员具备良好的心理素质,还需要运动员通过心理训练和心理调节来提升自己的心理调控能力。

（二）影响对手情绪,利用对手的情绪变化

1）能否精准洞察对手的情绪变化对比赛结果至关重要。运动员需要保持冷静与理智,不被对手的情绪所左右,并深入了解对手的心理状态,这样可以为自身创造有利的竞技环境和时机。

2）在比赛中,每一剑的胜负、每一剑的成败都会使比赛中的双方产生心理变化。运动员的表现受到比赛水平的高低和临场发挥的稳定性双重影响,因此,每场比赛都可能面临成功或失败的结果。这种结果不仅取决于技能水平,还受到心理状态的影响,即情绪是否稳定,是否能够达到或超越预期目标。例如,可以运用假动作和巧妙的步法来麻痹对手,制造其心理上的松懈,让对手误以为我方不会突然发动进攻,从而在其放松警惕的瞬间发起攻击,达到出奇制胜的效果。

3）在规则允许的情况下,运动员可利用短暂的停顿使对手产生急迫、焦躁的心理。这样可以使对手的心理发生变化,也是一种有效的策略。这种策略可以打乱对手的节奏,使其在关键时刻出现失误,从而使己方在比赛中获得优势。

（三）心理战术的基础在于身体素质和技战术水平

1）没有人体本身的活动能力和比赛策略作为基础,心理战术是无法有效实施的。因此,运动员在日常训练中需要注重对心理素质的培养,应通过科学的心理辅导和比赛模拟来提高在高压环境下的表现。

2）要提高运动员的心理素质,可以采用多种方法和措施。例如,渐进放松训练、集中注意力、表象演练和自我暗示等都是常用的心理调节方法,这些方法可以帮助运动员降低压力源可能带来的不利影响。

3）生物反馈仪等仪器设备也可以帮助运动员监测和调控自己的身心活动（如呼吸、心跳频率等）,从而达到更好的心理状态。

四、特定战术

（一）近战战术

击剑近战战术是在双方运动员之间距离较近时进行交锋,通常是在原地相互伸臂即可刺中对手的距离作战的战术。这种战术具有交锋速度快、剑接触频繁、角度刺较多、身体位置容易发生变化的特点。

1）在近战中,运动员需要抢占或创造有利于自己进行刺击的位置,并运用各种防守和进攻技巧来保护自己并寻找机会刺中对手。

2）近战中的进攻策略主要包括交叉刺、角度刺和压剑刺等动作。这些动作要求运动员具备快速有效的行动能力，并能够灵活地调整身体位置以避开对手的攻击并寻找有利的刺击角度。

3）为了有效防守并降低被对手刺中的几率，运动员需要采取闪躲和下蹲的方式来避开对手的攻击，并寻找反击的机会。在移动和反击时，保持重心稳定有助提高动作的准确性和力量输出。

（二）最后一剑战术

在执行最后一剑时，运动员要保持冷静，充分利用对手的心理，抓住有利于自己的战术打法。最后一剑有以下几种情况：

1. 比分持平决一剑

在比分持平决一剑的时刻，双方运动员都比较谨慎，不会轻举妄动，一般来说心理上较为紧张。此时，运动员要保持良好的心理状态，根据前面的得失分冷静分析，可通过适当调整一下剑或衣物来帮助自己冷静下来进行思考，然后再充满信心地采取果断的行动。

2. 离比赛时间结束还有最后一剑

比赛时间快结束时，运动员要避免出现不冷静的动作而导致失分。当比分占优势的时候，运动员可采用拖延对手进攻的战术，多使用一些挑引与抢攻让对手变得急躁；在比分处于落后的时候，运动员则要努力争取时间进行进攻，避免互中与刺中无效部位，不能盲目进攻，应看准时机再出手。

（三）利用规则的战术

运动项目都是由其规则来判定胜负的，规则是比赛中的一种约定与依据，是所有参与人员都必须遵守的条例和章程。运动员在运用击剑战术时也要充分利用规则，研究规则中的具体细则，使自己能够灵活运用。

运动员通过利用规则来使自己在比赛中获取优势的方法主要有以下几种：

1）把对手逼出端线使其出界而被罚分。

2）对手已被黄牌警告，使其在急躁之时再次犯规而被罚分。

3）刺中无效部位来制约对手进攻的气势或拖延时间。

4）挑战鹰眼，在自己有信心的剑的判罚上，如果有错判或误判现象，应向裁判申请重新判罚来帮助自己。

（四）最后一分钟战术

最后一分钟战术一般在团体赛或淘汰赛中运用。双方在比赛时间最后一分钟之内，特别要注意对时间的把握，注意力要高度集中。

1）当处于领先时，运动员应沉着应对对手在落后情况下的紧逼或进攻战术，此时不可消极防守,要多以第二意图加以抢攻,运用反攻与突然破坏对手的进攻距离来寻找时机,在这个过程中,情绪要稳定。

2) 处于落后的一方要避免盲目进攻,应在紧逼或进攻中寻找机会,抓住对手在防守中的漏洞进行追赶。

(五) 对左手持剑的战术

关于左手持剑,法国早期就有相关的研究说明左手持剑运动员在与右手持剑运动员的交锋中占有一定的优势。右手持剑者的内侧是用左手易刺到的部位,也是左手最好防守开的部位,因此,可以充分发挥对抗刺的战术应对左手持剑者。同时,左手持剑者习惯用第四、第二防守和对抗,进攻时也习惯刺第四和第二部位。而左手持剑者的腰腹是易刺部位。交锋时,运动员可以抓住左手持剑者的弱点和习惯并采用相应的打法,还可以利用场地右边线来制约左手持剑运动员,使其无法发挥优势。

(六) 团体排位和换人战术

击剑团体赛的排位战术十分重要。比赛前,己方需要对对方主要选手的情况与主要技术打法进行详细分析。了解己方队员的能力是排兵布阵的基础,每个队员的技术水平、比赛经验和心理状态都应被充分考虑,以确保他们能在适合自己的位置上发挥最佳水平,这些信息也是制定合理的出场顺序和战术安排的依据。在击剑团体赛中,这种策略被称为"相克",其核心在于通过精心策划的配对安排,最大限度地发挥己方优势,同时有效地削弱对手的优势。此外,教练员还需要根据对手的实力和战术特点,合理安排队员的出场顺序,以便己方在比赛中占据有利位置。

在实际比赛中,换人策略也是至关重要的。由于团体赛中换人次数有限(通常只有一次),因此,教练员必须周密地考虑何时使用换人战术[1]。如果发现队员不适应对方的打法或者竞技状态不佳,教练员可以及时替换上场的队员,以避免因个别队员表现不佳而影响整个团队的成绩。不过需要注意的是,某些比赛,如混合团体赛,可能没有替补运动员的相关规定,因此,教练员更需谨慎决策。

(七) 适应裁判的战术

在比赛中,裁判是组织比赛、判罚场上胜负的指挥官。裁判在观察、判断方面具有自己的风格,比如可能在进攻时判罚较严,或是在对接触剑时优先裁判权的判定上有一定的区别。

1. 了解裁判风格

在比赛前,尽量了解裁判的执法风格和偏好是十分重要的。这些信息可以通过观看以往的比赛视频、咨询教练或队友等方式获得。

---

① 熊焰.教练员临场指导特征解析[J].中国体育教练员,2016,24(1):6-9;13.

2. 调整战术策略

根据裁判的判罚风格,及时调整自己的战术策略。例如,如果裁判在进攻时判罚较严,运动员可以适当减少直接对抗,采用更灵活的进攻方式;在接触剑时,如果裁判对优先裁判权有特定的要求,运动员应多采用符合裁判标准的技术动作。

3. 保持冷静与理性

面对裁判错判或误判的情况,运动员要迅速调整情绪,避免与裁判发生冲突。保持冷静和理性的态度不仅有助于维护比赛秩序,还能给裁判留下良好的印象。

4. 有效沟通

在比赛中,与裁判进行有效的沟通是必要的。通过清晰明确地表达自己的观点,运动员可以帮助自己解决争议并减少不必要的误解。同时,运动员应尊重裁判的权威和决定,用词要得体。

5. 学习规则和解读

熟悉比赛规则和裁判员的判罚标准,有助于运动员在比赛中更好地应对各种情况。运动员应通过不断学习和实践来提升自己对这些规则和标准的理解和应用能力。

6. 观察和适应

在比赛中,运动员要持续观察裁判的判罚行为和反应,灵活应对不同情境。例如,如果发现裁判对于某一技术动作特别严格,运动员则应尽量避免该动作,以减少被罚的风险。

(八) 开局遭遇战,平分决一剑

比赛开局时,双方比较谨慎,以试探观察对手的打法特点为主。比赛时,运动员要运用步法与距离来探察对手进攻的方式、深度与攻击路线。距离感在击剑比赛中是一个关键的制胜因素。通过合理的步法移动,运动员可以有效地控制和调整与对手之间的距离,从而提高自己的攻击和防御效率,用挑引来掌握动作规律,根据场上情况立即采取相应的战术。保持情绪稳定是使比赛顺利的关键因素之一。在比分相持和决战阶段,如果运动员的胜负包袱过重,容易导致思路变窄,出现决策错误。因此,保持冷静和清晰的战术思路对于运动员应对突发状况非常重要。

(九) 比分落后战术

1) 运动员应该接受比分落后的事实,不要陷入对失误的回忆、反思或自责中。接受事实有助于运动员尽快从负面情绪中走出来,将注意力投入接下来的比赛中。此时运动员对比分比较敏感,更要集中注意力投入比赛之中,调动主观能动性。

2) 运动员应根据之前使比分落后的剑认真分析落后的原因,如果是之前的技战术进展不顺利,可以寻找替代方案,避开短板,利用自身的优势技术获得更多的得分机会,并努力控制比赛的节奏,相应地改变技战术,要争每一剑,不能气馁。

3）在努力夺回一剑的过程中，运动员要为自己加油鼓劲，适当的呐喊可以为自己鼓舞士气，同时也可以给对手造成心理上的压力和干扰。这种心理战术可以在一定程度上影响对手的表现。

4）运动员要主动进行情绪管理，在比赛规则允许的条件下，进行适当的调整，比如面向教练沟通策略，以此来稳定情绪。

（十）比分领先战术

1）比分领先战术即保持领先的优势，打击对手的弱点，挫败对手的信心。此时运动员要保持稳定的心理状态，不宜着急取胜，要根据对手的变化而变化。

2）保持情绪稳定也是至关重要的。保持情绪稳定的方法包括平时要有良好的情绪表达和沟通、学习放松和冥想技巧等。这些方法有助于运动员减轻焦虑和压力，增强自我调节能力，从而在比赛中保持冷静和专注。

3）在领先的情况下，不要一味坚持同样的比赛策略，而是要根据对手的变化灵活调整策略。这意味着即使比分领先，运动员也应保持警惕，观察对手的打法，找出其弱点，并加以利用。同时，保持多样性以防止对手预测己方的进攻，这种方式可以显著提高获胜的几率。

（十一）体力分配战术

针对对手的打法与体能情况，运动员应适当调整自己体能。如对手体能较差，运动员应尽量多拉开距离，增加交锋，消耗对手的体能。在关键剑时刻，运动员可加快节奏并加强强度，迫使对手体力不支。如果自己体能不足，就尽量以"快"取胜，在场上尽量增加间歇的休息时间以让自己恢复体能。

（十二）夺取优先裁判权战术

如果对手主动进攻意识强，运动员就必须努力夺取优先裁判权，避免使自己陷于被动。运动员可运用击剑线与灵活的截击技术，在对手出剑之前夺取主动权。

"截击"是在对手刚主动出剑时，己方以击打剑的方式，迫使主动权转换到自己一方，而不必顾及对方的剑是否能刺中自己，只需考虑自己的剑尖和刺点即可。截击动作有利于连续交锋，能够使运动员在防守的同时进行反击，增加得分机会。运用截击技术，运动员还可以干扰对手，破坏对方的注意力，从而在心理上对对手造成压力。

（十三）身高战术

在花剑比赛中，面对不同身高的对手，需要采取不同的战术策略。对于身高较高、手臂较长的对手，建议将交锋距离控制在中、近距离，从而可以利用击剑线技术，即在对方发动进攻前，己方先伸直手臂，剑尖连续威胁对方有效部位，这样可以抑制对方的进攻，变被动为主动。同时，针对身高较高的对手，可以多进攻其躯干下部，因为花剑的有效得分区域主要集中在上身躯干和后背,这样一来,对手可能因身高原因而更难以防守这些低位的攻击。

相反,当面对身高较矮的对手时,应尽量避免近距离交锋,防止对手接近自己进行交锋。可以采用击剑线技术,威胁对手使其不易接近自己。此外,通过移动到有利位置,采取继续进攻或频繁地采取进攻态势方式可以进一步使自己巩固并占据优势地位。

问题与思考

1. 结合自己的比赛分析技术发挥的优点和不足。
2. 结合自己的比赛讲解战术运用的优势与劣势。

第四章　花剑教学方法与策略

　　大学时期是学生人生观、世界观、价值观形成的关键期,也是人生中精力和体力最为旺盛的时期。此时的大学生无论是在心理还是生理上都与成人无异,其人体机能日趋稳定,各器官系统的功能都达到了最高水平,身体素质也处于高峰,运动能力、灵活性和协调性与中学时代相比均得到提高,身体的循环系统基本达到成人水平,心肌发达,每搏输出量增大,心率减慢,血压基本稳定,在承受较大负荷的运动时,内脏器官系统不会受到不良影响。

　　大学生一般都在 18～24 岁之间,正处在人生的重要发展时期,其生理、心理特点明显,心理逐渐趋向成熟,但他们还有较大的可塑性。大学期间,学生记忆力达到人生最佳时期,其抽象逻辑思维已有很大发展,思维的独立性、批判性、敏捷性和深刻性较之少年时期皆已显著提高[①]。大学生情感丰富,但情绪还不稳定,感情强烈,同时也容易冲动。随着认识水平的提高,他们已经有了明确的自我意识,可以像观察别人一样观察自己。他们对自己的内部状态和内心世界有了浓厚的兴趣,要求自立和独立,充满对未来的畅想,对成功有着强烈的渴望,强烈的成功意识促使他们积极主动地求知、学习,他们对自己、对未来充满着信心。

　　因此,在击剑教学中,教师应该了解学生的特点,采用适合大学生的教学方法,引导学生进行创造性的思维练习、表现力练习,让学生受到启发,使他们明白,通过不断地努力学习,战胜比自己强大的对手,建立自信心,培养竞争与合作精神,未来他们才能够更加从容地面对人生中可能遭遇的风险与挑战。

第一节　击剑教学方法

一、集体教学法

　　集体学习方法以全体选课同学为授课对象,通过组织集体学习来促进学生掌握击剑技能,是高校击剑必选课中的一种较为常见的教学方法。

---

① 冯健.体育游戏与高校体育教学[J].河北体育学院学报,2001(2):52-53;79.

（一）分解教学法

分解教学法即由教师进行讲解示范、发出指示口令,学生根据口令执行相应步法,这是一种化繁为简方法。该方法多用于教授初学者,能够使初学击剑的同学清楚动作的每个环节。

（二）完整教学法

教师将练习的具体内容规定清楚,要求所有选课学生按照指示连续向前或向后移动并完整练习步法组合中的各个环节。这一过程从分解动作开始,逐步过渡到整体步法练习,旨在帮助学生提升动作的连贯性和流畅性。

（三）视觉教学法

教师以各种手势作为代表各种步法的信号,并经常变换信号含义来提高学生的步法灵活性,提高学生的视觉反应速度和适应能力。

（四）听觉教学法

教师以各种声音(拍手声或击打声)作为代表各种步法的信号,并经常变换信号含义来提高学生的步法灵活性,有效提高学生的听觉反应速度。

（五）领做教学法

领做教学法是由教师或一名学生与其他学生相对而立并领做动作,领做者向前,其他学生向后,根据领做者的步法变化而迅速调整相应的步法,进行跟随练习。

（六）依次展示法

学生成练习队形展开,依次进行动作展示,便于教师认真观察每个学生存在的共性与个性问题并及时指出,也能针对个别情况进行纠正。

二、双人教学法

双人教学法是击剑运动中最为常见的教学方式,该方法能够使学生快速适应击剑一对一的对抗形式。

（一）领做法

领做法是由两名学生保持实战距离,一人主动移动,另一人被动移动并始终保持着实战距离。学生可以持剑练习(戴面罩),也可以不持剑练习。

（二）持杆练习

持杆练习是由两名学生相对而立,两人以手掌顶住一根杆子的两头,一方需要跟随另一方移动,两人始终保持同样的距离,中间的杆子不可以掉下来。双方手臂应尽可能保持在原来的位置,移动时不要过快,既要控制对方快速变换的方法,又要使对方能跟随移动。

（三）实战性步法练习

两名学生保持实战距离,进行实战性动作步法练习。比如,做攻守练习,一人在执行向前步法中突然发起进攻,另一人必须迅速退开,紧接着以一个半弓步的姿态向前推进,以此象征反击动作。

（四）条件性步法练习

条件性步法练习是指学生根据一定的条件模拟比赛中的一些情况来进行专门的练习,比如模拟快出界的距离、决一剑等情况进行双人步法练习。

三、自主教学法

学生通过自主练习、自我反馈与自我提升的有效学习手段,能够逐步建立起独立的击剑思维框架,为日后不断深化击剑意识奠定坚实的基础。

（一）镜面练习法

镜面练习法适用于步法练习初期学生的动力定型没有建立之前,是学生通过镜子观察自己的动作进行自我对照、自我调整的学习方法。

（二）表象训练法

表象训练法具有动机功能,学生可通过假想对手的一系列动作而针对性地做出相应动作,该方法可激发学生的兴趣与自信,达到结合实战提高学生战斗力目的。

（三）巩固提高法

学生通过反复进行不同距离下的不同步法练习,在形成一定的步法基础之后可增加组合变换练习与综合步法练习,建立起生理性的条件反射,实现技战术能力的自动化。

四、四人循环赛法

四人循环赛是击剑教学中常用的教学方法,每四人分为一组,每个教学班可以按照五组或六组的方式进行,每人需参与三场比赛。通常情况下,由两人进行实战对抗,另外两人分别担任主裁判和助理裁判。这种设置可以确保每一名学生都能够轮换体验到实战与裁判的不同职责,从而全面融入击剑教学的各个环节,实现全方位的学习与提升。

1)无论是有裁判器还是没有裁判器,四人循环赛都可以进行实战,教师可以根据场地器材的不同条件来进行课堂教学。

2)主裁判作为比赛的指挥者和击中的判决者,可以依照规则处罚运动员,根据现场情况确定警告或不事先警告,可以拒绝认可学生确实击中对手的一剑,可以针对学生实际上并未被击中的一剑判定处罚。助理裁判的主要职责是在主裁判因视觉盲区(如死角)而无法准确判断击剑动作是否有效刺中目标时提供必要的观察意见和判断。当主裁判提出询问时,助理裁判应基于观察到的情况给出专业且及时的反馈,以确保比赛的公正性和准确性。助理裁判监督学生是否存在使用非持剑手或手臂遮挡有效部位、越出剑道边线及端线或规则中规定的其他一切犯规行为。

3)教师讲解不同角色的职责,包括对战双方开始的持剑礼节和握手礼节、两组之间的安全距离、场地安全注意事项等。

第二节　花剑教学大纲示例

一、课程的性质、目的和任务

本课程性质是通识课。

击剑课程旨在为培养我国社会主义现代化建设所需要的高质量合格人才做准备。通过学习花剑初级课程,学生应可以掌握基本的击剑知识、技术和技能,为进一步获得击剑知识以及学好以后的击剑课程奠定必要的基础。高校可以通过击剑教学这一途径逐渐培养学生的自主锻炼能力、创新思维,以及灵活运用基本的体育锻炼方法的能力,为学生的身心健康打下坚实的基础。在击剑教学过程中,学生的身体素质、心理素质和基本运动能力不断提高。

本课程重点支持以下毕业要求指标点。

(一)课程目的

1)认知目标:学生能够了解击剑运动的项目特点、健身功效,以及该运动的独特魅力。

2)技能目标:学生能够掌握击剑运动的知识、技术和技能,能在双人练习时进行基本动作组合练习。

3)情感目标:帮助学生培养对击剑运动的兴趣以及提高对美的欣赏能力;培养

学生团结协作的集体主义精神,使学生增强合作意识。

4) 体质目标:帮助学生发展身体协调性、灵活性,增强体质,塑造健美形体。

5) 心理目标:帮助学生养成积极乐观的生活态度,并让学生在参与击剑运动的过程中尽情享受运动的乐趣,同时,使学生在经历成功与失败的历程中深刻体验其中的心理反差,从而丰富他们的内心世界与情感经历。

（二）教学任务

1) 使学生掌握击剑运动的基本知识、技术和技能,全面提高学生身体的协调性、韵律感、表现力。帮助学生增强体质、增进健康,塑造健美形体。

2) 引导大学生学会如何在击剑运动中释放情绪、缓解压力,保持身心轻松愉悦。使学生学会如何通过击剑运动改善心理状态、克服心理障碍,养成积极乐观的生活态度。

3) 增强学生的自尊心和自信心。通过击剑教学过程,使学生获得成就感,引导学生在运动中体验运动的乐趣和成功的感觉。

4) 引导学生学会根据自己的能力设置课程学习目标。使学生养成良好的体育锻炼习惯,培养学生对体育的兴趣,让学生逐渐形成终身体育观。

5) 引导大学生学会在击剑格斗项目中正确处理竞争与合作的关系。

二、课程内容、基本要求及学时分配

本课程分为击剑基本技术、基本战术、基本规则、竞赛方法和专项体能几个部分。

（一）基本技术

基本技术教学的主要目的是使学生掌握基本的击剑技术,提高学生的基本运动能力。

基本技术部分的教学内容包括:① 实战姿势与握剑方法;② 向前移动步法;③ 向后移动步法;④ 弓步;⑤ 直刺;⑥ 击打刺;⑦ 转移刺;⑧ 防守还击。

（二）基本战术

基本战术教学的主要目的是提高学生运用击剑基本技术的能力,加强学生的战术意识。

基本战术部分的教学内容包括以下两方面:

1) 花剑进攻战术,即培养学生在比赛双方攻守的态势以及临场特定时间下,有策略、有目的、有组织地进行个人强攻的能力。

2) 花剑防守战术,即培养学生在比赛中根据对手的临场表现,灵活运用多种防守技术,有效阻止对方进攻并达成防守目的的能力。

（三）基本规则

基本规则教学的主要目的是使学生掌握击剑比赛的基本规则，并在此基础上提升学生的比赛意识与竞技素养，为他们日后在击剑领域的深入发展奠定坚实基础。

基本规则部分的教学内容重点关注以下事项：

击剑比赛是一项双人竞技运动，在比赛中，一方需利用剑尖精准刺击对手的有效部位，且需确保刺击具有明确的穿透性质，有效点击数更多的一方为胜。按规则，循环赛要求在 4 分钟内达成 5 次有效击中，而淘汰赛则要求在 9 分钟内达成 15 次击中。在既定时间内，最先达到有效击中次数或时间结束后击中对方次数较多者为胜。而团体赛则是以团队为单位，最先击中对方队员达 45 分的团队为胜。学生应重点学习如何达到有效击中对方的次数。

基本规则教学应参考击剑规则 2024 年国际击剑联合会规则。

（四）基本竞赛方法

竞赛方法教学的主要目的是使学生掌握基本的击剑竞赛方法，提高学生组织击剑比赛的能力。竞赛方法部分的教学内容包括以下五个方面：

1. 预　备

比赛在 1.5～2 米宽、16 米长的剑道上进行。当裁判宣布准备比赛时，双方队员在离中心线 2 米处紧急就位。队员们应当保持侧身站立，手中剑必须指向对手，未握剑的手靠在背后，运动员每得一分都需回到此姿势重新比赛。

2. 得　分

使用剑击中，是指用剑尖刺击对手，使剑尖清楚并准确无误地刺在对方有效部位并具有刺入的性质。到达对手身体任何部位的击中都是有形的、实体的且具有实质性的击中。为了使刺击成为有效的击中并得分，剑尖落点必须在有关剑种规定的有效部位内。

花剑是完全的刺击武器，只有剑尖刺中才有效，剑条横击无效。花剑的有效击中部位是除去四肢和头部的躯干部分。这一区域通常由金属衣（导电背心）包裹，电子裁制器通过感应金属衣来判定得分。花剑比赛也强调击中优先权：先攻击而击中者得分；被攻击者须先做出有效抵挡动作后再进攻击中才有效。双方同时击中均不得分，在此情况下，击中优先权很难区分属于哪一方，比如，有时剑触及手臂，而手臂在花剑中属于无效部位。

3. 平　局

在比赛规定的 9 分钟内，如果双方平分，那么比赛将加赛 1 分钟，使用"突然死亡法"来决出胜负。为了防止双方过分防守，赛事组织者会在加赛前进行抽签，以此预先决定：如果加时赛中双方都未得分，则抽签抽到优先权的一方将被判定为胜者。

4. 团体比赛

在团体比赛中，一个团队中的每一名选手将与对方团队的 3 名选手轮流进行比赛，先获得 5 分的选手为胜，然后选手交叉进行比赛，最先获得 45 分的团队为胜。

5. 犯规与处罚

一般情况下，比赛都是从同一地点重新开始，判罚丧失场地除外。判罚丧失场地一般是把比赛的现场向犯规的团体一方移动一米。如果选手的双腿都触了底线，选手将被罚击中一剑。

选手在受到警告后，若重犯同一错误，也会被罚击中一剑。在佩剑比赛中如有冲刺冲撞，在花剑比赛中如有故意的身体接触，在重剑比赛中如有推挤对手，这些都属于故意身体接触行为，这些行为都会导致选手被罚击中一剑。转身背向对手，剑尖在场地上非法拖划和重刺，或者用不持剑手臂遮盖以避免被击中，这些行为都属于犯规行为。选手第一次犯规将被给予黄牌警告，如果再犯，裁判将出示红牌判罚选手被对方击中一剑。如果选手有更为严重的犯规行为，比如报复、粗暴冲撞以及与对手串通舞弊，将会被裁判直接出示黑牌驱逐出场。

（五）专项身体素质

专项体能部分课程在周学时数方面的要求是应贯穿于每周的体育教学中。

专项体能教学的主要目的是提高学生的击剑运动素质。

专项体能部分的教学内容包括：① 专项力量；② 专项耐力；③ 专项灵敏；④ 专项协调。

三、教学方法

击剑教学以课内教授为主，课外自主锻炼为辅。在一般教学情况下，选择击剑课的大学生如果要达到更高的程度，还必须为自己设置一些个性化的练习内容。这不但要求大学生具有充沛的体能、顽强的意志，还需要他们有灵敏的反应能力、聪慧的大脑和稳定的心理素质，而要满足这些要求，除了一般的教学方法之外，还需要一些特别的训练技巧来提升学生各方面的能力、技巧和素质。

（一）集体教学法

集体教学法是指在教师的统一指导下，学生进行各种内容的训练。集体教学法一般用于准备活动、身体素质练习和基本功练习等，同时也是调节运动量的教学手段之一①。教师在安排集体教学的时候，要有明确的目的、丰富的内容、合理的方式。学生通过一起学习，纠正共同性的缺点，提高练习的积极性，培养集体主义精神。集体教学法有利于促进教师与学生、学生与学生之间的情感交流，能够创造良好的课

---

① 马权,裴蕾.重剑冲刺技术训练方法的探讨[J].辽宁体育科技,2015,37(5):112-114.

堂氛围和提高整体效果,对于提高大学生身体素质和改进其基本击剑技术有很大的帮助。

(二) 双人教学法

双人教学法是指在教师的指导下,根据比赛中双人对抗的特点,由两名学生相互协调共同完成各种技术对练,是针对击剑竞赛的原则特点所制定的教学方法。教师在指导双人练习时,要根据训练竞赛的目的和学生的年龄、水平、特长来有针对性地安排练习的对象与内容。同时,可以根据内容的变化和不同的要求来选择匹配的对手,以此培养学生的剑感、距离感、时机感、节奏感等各种实战能力[①]。

教师在安排双人练习时,应考虑学生之间的关系来进行合理的搭配,学生则要正确处理好与陪练学生之间的关系,只有这样,教学才有可能达到最好的效果。这种教学方法不但可以帮助学生进行基本的技术练习,也可以运用于各种战术练习中,是基本技术向实战过渡的桥梁,是击剑教学的主要方法之一,无论是初学者还是高水平大学生都必须重视这种双人训练方法。

(三) 自主练习法

自主练习法是指大学生单独进行各种专项练习的方法。这种教学方法一般是用于帮助学生熟悉击剑的基本动作以及改正自身的某些习惯性错误动作,也可以作为无人陪练情况下的一些基本练习解决方案,此外还可以用作受伤大学生的恢复性训练。借助于这种方法,大学生可以通过靶子、镜子,选择持剑或不持剑进行步法、手法、身体反应协调练习等。另外,自主训练法是系统训练中的一个不可或缺的教学方法。

四、课内外教学环节及基本要求

击剑教学以课内教授为主,课外辅导和自主锻炼为辅。计划讲授 11 个学时,身体素质测验 2 个学时,技术考试 1 个学时,理论课 1 个学时,机动 1 个学时。

课程基本要求:大学生课后要积极参加课外体育锻炼,不断提升专项技术和提高身体素质。

本课程主要支持毕业要求指标点 1.1、1.2。

五、考核方式及成绩评定

击剑课考核采取期末技术考试、理论考试与平时成绩相结合的方式。其中,期末

---

① 高翔.提高击剑运动员心理素质训练方法[J].统计与管理,2014(5):165-166.

技术考试成绩占总成绩的30％,平时成绩占总成绩的30％,理论考试成绩占总成绩的10％,身体素质(男生1 000米跑、女生800米跑)考试成绩占总成绩的30％,如表4-1所列。

考核内容包含以下几项：

1）第四、六转移刺,接第四防守还击。

2）第六、四转移刺,接第六防守还击。

表4-1 "击剑教学俱乐部"课内选修(选项)课成绩考核表

考核内容	课内(70%)			身体素质(30%)
	技评(30%)	平时(30%)	理论(10%)	
评价内容	专项技术评定	课堂出勤	专项理论作业	耐力： 男生1 000米跑 女生800米跑
		课堂表现		
		学习态度		
		进步幅度		
		合作精神		
		情感表现		
成绩录入	百分制			

考核标准分为以下几个等级：

1）90—100分：姿势正确、剑法清楚、动作熟练、击刺精确、精神饱满。

2）80—89分：姿势正确、剑法清楚、击刺准确,动作较熟练。

3）70—79分：姿势较正确、剑法较清楚、动作熟练一般。

4）60—69分：姿势较正确、剑法一般、动作不熟练。

六、教学进度

本课程教学进度参考表4-2。

表4-2 课程教学进度表

周	教学进度
第一周	1. 击剑项目简介,带领学生了解击剑发展的现状,通过对击剑礼仪的宣讲,加强纪律要求,使学生形成规则意识,养成良好的礼仪习惯。 2. 引导学生学习击剑实战姿势与握剑方法,使学生初步掌握动作要领。引导学生进行初级体能练习,增强体能。 3. 讲解本学期击剑课内容、考试办法,布置体育课外作业

周	教学进度
第二周	1. 带领学生复习实战姿势,使学生掌握实战姿势的基本动作。 2. 引导学生学习基本步法(向前向后),使学生掌握前后移动的基本技术,形成正确的动力定型,为下一阶段学习打下良好的基础。 3. 引导学生进行初级体能练习,培养学生形成自主锻炼意识
第三周	1. 带领学生复习向前、向后步法,使学生掌握前后移动的基本技术。 2. 引导学生学习击剑技术中的弓步,使学生掌握前腿摆动和后腿蹬地的技术,形成正确的动力定型。 3. 引导学生进行初级体能练习,树立阶段体育目标,培养学生形成积极主动、刻苦训练的良好品质
第四周	1. 带领学生复习击剑的弓步技术,使学生熟练相关技巧,通过分组练习,培养学生的观察能力。 2. 引导学生学习击剑技术中第四和第六击打直刺,使学生掌握执行击打动作时小臂旋转的技巧,帮助学生形成正确的动力定型,引导学生进行初级体能练习。 3. 引导学生进行初级体能练习,完成阶段体育目标,培养学生形成自主锻炼意识
第五周	1. 带领学生复习击剑第四和第六击打直刺,使学生熟练掌握相关技术,通过分组练习,培养学生的对比和反思能力。 2. 引导学生学习击剑第四防守和第六防守还击,使学生掌握执行防守动作时小臂旋转加平移的技巧,形成正确的动力定型。 3. 引导学生进行中级体能练习,强化专项体能。完成阶段体育目标,培养学生的体育锻炼习惯,使学生形成终身体育意识
第六周	1. 带领学生复习并熟练掌握击剑第四防守和第六防守还击,使学生初步了解击剑当中的战术。 2. 引导学生学习击剑第四和第六转移刺,使学生掌握执行转移动作时手指的动作技巧,形成正确的动力定型。 3. 引导学生进行中级体能练习,强化专项体能,培养学生在击剑当中的战术思维
第七周	1. 引导学生学习击剑第四和第六转移刺,使学生掌握转移和刺的动作协调以及上肢动作和下肢动作的相互配合。 2. 引导学生学习击剑刺靶技术,通过生物力学进行动作讲解,使学生掌握上肢和下肢动作的协调配合。 3. 引导学生进行中级体能练习,完成阶段体育目标,培养学生在击剑当中的战术思维
第八周	1. 带领学生复习击剑刺靶,通过练习不同步法,进一步培养学生刺靶过程中的剑感和距离感。 2. 通过击剑个别课的教学,使学生掌握个别课当中教与学的内容,培养学生形成与其他学生之间的竞争与合作意识。 3. 引导学生进行中级体能练习,完成阶段体育目标,培养学生在击剑当中的战术思维

周	教学进度
第九周	1. 引导学生通过动态热身激活肌肉与关节,降低运动损伤发生风险。 2. 身体素质测验(男生:1 000 米跑,引体向上;女生:800 米跑,仰卧起坐)。 安全提示: (1) 有腰、颈、肩、骶骨、髂骨、肘关节、踝关节、膝关节损伤; (2) 有心脑血管疾病; (3) 半年之内做过手术; (4) 有身体不适。 存在以上几种情况的学生禁止参加剧烈活动。 3. 引导学生通过运动后静态拉伸以防止出现运动损伤。 4. 通过安全提示,促使学生关注测验安全及自身身体状况;通过身体素质测验,培养学生勇敢、拼搏、顽强等意志品质
第十周	1. 引导学生通过动态热身激活肌肉与关节,降低运动损伤发生风险。 2. 身体素质测验(下肢力量与爆发力:50 米跑,立定跳远)。 安全提示: (1) 有腰、颈、肩、骶骨、髂骨、肘关节、踝关节、膝关节损伤; (2) 有心脑血管疾病; (3) 半年之内做过手术; (4) 有身体不适。 存在以上几种情况的学生禁止参加剧烈活动。 3. 引导学生通过运动后静态拉伸以防止出现运动损伤。 4. 通过安全提示,促使学生关注测验安全及自身身体状况;通过身体素质测验培养学生勇敢、拼搏、顽强等意志品质
第十一周	1. 带领学生复习此前学习的个别课内容,体验教师与学生的不同角色,培养学生从不同视角进行观察的能力。 2. 引导学生学习击剑个别课中的两次转移:先执行第四转移再执行六转移刺,接防守还击;先执行第六转移再执行第四转移,接防守还击。 3. 引导学生进行高阶体能练习,完成阶段体育目标,培养学生在击剑当中的攻防意识
第十二周	1. 带领学生复习击剑个别课中的两次转移:先执行第四转移再执行六转移刺,接防守还击;先执行第六转移再执行第四转移,接防守还击。帮助学生熟悉攻防转换动作。 2. 引导学生学习条件实战,通过固定防守方和进攻方,促使学生运用学过的动作,提高技术实战能力。 3. 引导学生进行高阶体能练习,完成阶段体育目标,培养学生坚强的意志品质,文明其精神,野蛮其体魄

周	教学进度
第十三周	1. 带领学生复习条件实战,通过固定防守方和进攻方,进一步熟练攻防距离,提高运动攻防技术实战能力。 2. 引导学生学习实战和击剑的裁判规则,体验裁判员与运动员的不同角色,促使学生形成规则意识和精准的技战术水平。 3. 引导学生进行高阶体能练习,完成阶段体育目标,在击剑实战中培养学生顽强、勇敢、精准、坚持的意志品质
第十四周	1. 带领学生复习考试内容击剑个别课中的两次转移:先执行第四转移再执行六转移刺,接防守还击;先执行第六转移再执行第四转移,接防守还击。 2. 实战小组循环,通过比赛引导学生进行心理逆差训练,增强学生的抗逆力;通过对比赛结果的总结,培养学生"胜不骄,败不馁"的积极心态。 3. 引导学生进行专项体能练习,完成阶段体育目标,在击剑实战中培养学生顽强、勇敢、精准、坚持的意志品质
第十五周	课内考试:个别课的技术评定
第十六周	补考

七、课程简介

击剑是一项历史悠久的传统体育项目,击剑运动属技能类运动,是一对一的格斗项目。击剑运动是由双方运动员手持特制的钢剑,用刺或劈的动作进行攻防格斗的竞技运动。通过对击剑运动的学习,学生可以养成勇敢顽强和拼搏进取的优良品质。击剑课程主要包括击剑技术中的实战姿势、基本步法、进攻技术、防守技术以及组合技术等技战术教学内容。在课程教学中,教师应注重击剑的实战教学,以提高学生的敏捷性、大脑思考能力和快速反应能力。课程教学多数以一对一的专项个别课形式出现,旨在提高学生学习和掌握动作的能力。

通过学习击剑运动,学生可以提高注意力、感知觉能力,还可以培养良好的情绪、敏捷的思维、坚强的意志与心理品质,为以后的学习、生活打下良好的基础;通过对击剑运动起源、发展、特点的讲解,教师可以帮助学生全面了解击剑这项古老而文明的绅士运动;通过对击剑基本技术、基本技能和实战比赛的学习,学生身体素质可以得到全面提高,上下肢的力量得以发展,反应速度、动作速度和移动速度得以提高;通过对击剑运动裁判法和竞赛规则的学习,学生欣赏高水平比赛的能力得以提高;通过击剑比赛,学生可以培养出高度的集体荣誉感和爱国主义精神。

第三节　击剑教学日志与日记

一、击剑教学日志的作用

击剑教学日志是教师对每次教学情况的记载，是教学大纲实施后教师进行自我反思与改进的依据。

周是教学大纲最小的实施单位，目标是推进每周的教学内容。通过每周教学课的积累，教师得以完成阶段、学期以及下一步击剑教学大纲的计划，因而，击剑课程的小结是实现最终目标的基础。通过每周教学课后的记录，教师可以检查技战术、体能和机能、心理和思想状况、运动负荷、教学状态等各方面的情况，根据每周击剑课程中的情况和出现的问题，采取相应的措施，予以必要的调整、修改。

记录教学日记是进行自我小结、自我完善、自我提高的过程，也是培养自我发现问题、解决问题能力和内化自我击剑体系的有效方法，同时也是培养击剑思维的一种方法。因此，教学日记是获得击剑学习反馈信息、实现最佳控制的情报来源。在现代运动训练中，撰写教学日记已成为击剑教师及学生在完成击剑课程过程中的一项不可或缺的教学组成部分。

二、击剑教师的教学日志

（一）击剑教师记录教学日志的目的

1）教师针对击剑课每周的教学大纲记录每日击剑教学任务完成情况。

2）教学日志是教师对周、阶段、学期教学大纲实施情况进行总结的主要依据，也是对教学大纲实施有效控制的重要参考。

3）通过教学日志，教师可以从学生的学习日记或通过其他途径获得的反馈信息中发现击剑课程教学中的问题，并在理论和实践的基础上进行更深入的学习，通过不断总结失败和成功的事例而获得经验，可以逐步提高击剑教学水平。

（二）击剑教师教学日志的内容

1）对每周教学大纲中的内容、时间、运动负荷、方法手段、组织形式、练习效果逐一进行自我评价或评分。

2）对学生完成教学内容的质量进行评价并找出具体原因。

3）根据上述内容，对下一周教学大纲进行必要的修改和调整。

（三）教师教学日志的格式

教师教学日志的格式如表 4 - 3 所列。

表 4 - 3　教师教学日志

_____年_____月_____日	_____时—_____时	气温_____
场地_____	剑种_____	周次_____

项目/评议	评价（评分）
任务与内容	
运动负荷与恢复	
方法手段	
组织形式与教法	
学习效果 （学习质量）	
课后小结：	

（四）记录教学日志时应注意的问题

1）坚持记日志。教学日志是教学工作的任务之一，教师若对教学日志的重要意义没有深刻的认识，是很难坚持对每周或每次课进行记录的。记录教学日志可在教学课的过程中同步进行，但大部分是课后通过回忆来记录，前种方式可简单扼要，后种方式则应当详细全面。

2）抓住关键，突出重点。记录教学日志不是记流水账，也不必每日长篇大论，该详细的要详细，可简短的则简短，应视需要而定。

3）构建思维方式。记录教学日志有利于教师发现教学问题、解决教学问题，形成击剑教学思维方式，抓住实质，达到教学目标。因而，记录教学日志可以不断改善和提高教师对事物的观察、分析、思考能力和写作表达能力。

4）划重点。对于教学中发生的或发现的重大问题或重要心得体会，教师应做重点标注，便于在撰写学期课程总结时进行查寻。

三、击剑学习日记

击剑学习日记是学生对每次学习情况的记载，是对教师教学实施效果的反应，是建立击剑思维的有效手段。

（一）学生记录学习日记的目的和意义

1）学生通过学习日记记载每周次的击剑教学课程完成情况。

2）学生通过学习日记向教师提供各种信息。教师通过日记了解学生的各种情况，特别是教师不易察觉的各种心理活动和学生对教学的看法、建议等，使下一步的教学安排更有针对性，也能帮助教师进行击剑教学改革，进而提高击剑教学质量。

3）完整的课程学习日记是一部击剑学习成长史。学生要经过整个击剑学习生涯，完整的学习日记就是对自我成长的真实记载，包含了其击剑学习历程。经过整个学期的学习，学生由开始握剑到学习技战术，再到体验击剑实战过程中的心理逆差，有关击剑课程的学习经验与体悟会为学生日后的职业发展奠定良好的身心基础。

4）记录学习日记可以帮助学生提高击剑水平和能力。学生在教师的指导和帮助下，通过记录学习日记，不仅可以提高击剑运动方面的理论水平和训练水平，还可以提高分析问题、解决问题的能力和写作能力。

（二）学生学习日记的内容与格式

学生学习日记的内容与格式如表 4 - 4 所列。

表 4 - 4　学生学习日记

＿＿＿年＿＿＿月＿＿＿日	＿＿＿时—＿＿＿时	气温＿＿＿＿
场地＿＿＿＿＿＿＿＿＿＿＿	安静心率/最高心率＿＿＿＿＿／＿＿＿＿	周次＿＿＿＿＿

任务和内容	
完成情况	
身体反应及恢复情况	
病假、事假、例假情况	
课后小结	
教师评价	

（三）记录学习日记时应注意的问题

1）记录学习日记要及时，避免由于时间过久而忘记课程任务及完成情况。

2）在记录各种比赛日记时，要附有比赛记录表。

3）记日记字迹要清楚工整，语言简练，应紧紧围绕教学内容进行记录，且情况要真实。学生应逐步提高文字表达能力。

4）对于教师的每次批阅，学生应认真思考，若有不同意见要及时与教师沟通、交流。

问题与思考

1. 在分组教学中如何运用集体教学法来进行教学。
2. 撰写一次击剑课程的学习日记。

第五章　击剑运动的体能训练理论与实践

第一节　击剑体能训练

　　击剑体能主要包括速度、力量和耐力。速度是指人体快速运动的能力,包括反应速度、动作速度和位移速度。力量是指人体神经肌肉系统在工作时克服或对抗阻力的能力。耐力是指机体坚持长时间运动的能力。

一、专项速度训练

　　击剑运动中的速度训练是提高运动员竞技水平的重要环节。运动员若想实现击剑速度的提升,需要综合运用多种训练方法,包括基础体能训练、步伐训练、视觉与运动行为的信息处理速度训练、技术训练、专项力量训练、实战对练以及心理素质培养等。只有通过科学合理的训练计划和持续的努力,运动员才能在比赛中取得优异的成绩。

(一)专项速度练习方法

　　速度是指人体(或身体的某部分)进行快速运动的能力,包括对刺激快速反应的能力(被称为快速反应能力,即反应速度)、快速完成动作的能力(即动作速度)和快速通过某一距离的能力(即位移速度)。击剑运动的专项速度能力主要体现在以下几个关键方面:步伐移动的迅捷性、上肢出手的快速性、完成进攻与防守动作的效率,以及大脑对外在刺激的快速反应能力。其练习的基本方法如下:

1. 位移速度练习方法

　　1)弓步位移练习。学生持剑与教师保持一定距离(3~4 米,根据练习者人数而定),做好实战姿势,按教师所规定的信号(3 个以上)及时做向前移动、向后移动、弓步、躲闪等练习;或者进行双人的对抗移步练习,以提高变向、变速的移动能力。

　　2)跑的基本练习法。学生可以通过游戏的方式(如贴膏药、足球游戏)进行练习。

　　3)抗阻练习。学生以实战姿势站立,教师用橡皮筋牵拉学生持剑臂做直刺、转移刺等动作;学生以实战姿势站立,教师用皮筋拉学生做前脚踢腿动作、弓步动作、向前移步动作。

4）刺活动目标练习。学生以实战姿势站立,持剑刺向活动目标进行练习。教师可以在学生移动中给出不同的目标信号,让学生寻找目标及时刺出。

5）做各种防守姿势、直刺、转移刺、弓步刺等反复练习。教师变化转移刺,学生防守,或交换角色进行练习。

6）学生小腿捆绑沙袋做各种移步练习,以提高位移速度。

7）双人以实战姿势开始,做距离感练习,练习时,双方轮流作为主动方和被动方,被动方跟着主动方及时做进退移动。

8）组合步法的快速移动练习等。

2.　动作速度练习方法

1）学生以实战姿势站立,教师或同伴将剑垂直举起,护手盘与学生持剑手同高,然后突然放手使剑下落,学生快速出弓步伸手抓住剑身的中部。

2）学生以实战姿势站立,教师用手将木棒或剑垂直立在地面上,然后放手,练习者快速出弓步伸手抓住木棒。

3.　反应速度练习方法

1）重复练习法。学生通过在击剑进攻和防守技术方面的练习,提高专项技术方面的熟练性,逐渐形成条件反射,渐渐提高专项反应速度。

2）分解练习法。学生通过简单的反应练习来提高复杂反应能力速度。

（二）在进行速度素质练习时应注意的问题

1）速度素质练习要在学生兴奋度高、精力充沛的情况下进行,同时要合理安排训练负荷,即练习强度、持续时间和间歇重复的次数要合理。

2）速度练习要与发展其他有关素质的方法结合应用,因为速度的发展与力量、灵敏柔韧等素质有关。需要注意的是,速度练习必须在力量练习之前进行[①]。

3）在练习中,训练方案应首先强调视觉观察移动物体的能力和触觉反应能力方面的训练。视觉、听觉、触觉的敏锐度,注意力集中能力,心理稳定性,技术合理性,都对提高速度起到重要作用,因此,在训练过程中,学生要把感受器官（视、听、触）与运动器官（手、脚）结合起来[②]。

4）在提高专项速度的过程中,学生要大力加强反应速度、动作速度、移动速度和起动速度方面的练习。

5）学生应稳定已达到的速度水平,防止因采用新的、更强烈的、更能提高兴奋程度的刺激练习而导致产生速度障碍。

---

① 倪俊.击剑运动员体能特征及训练方法分析[J].当代体育科技,2024,14(11):25-28.
② 杨波,王强.技心能主导类项目心理训练的方法及生理机制研究[J].南京体育学院学报,2018,1(12):68-74.

6）学生在练习中应采用不同的频率和节奏来完成各种动作，从而使中枢神经系统建立灵活多样的条件反射①。速度练习是以无氧代谢为主的运动，但需要以有氧代谢训练为基础。

7）速度素质练习是发展协调能力的良好时机，在这个时期，学生要尽力提高动作频率以及单个动作速度和反应速度。

二、专项力量训练

击剑运动对运动员的力量要求是多方面的，包括上肢力量、下肢力量和核心力量等。这些力量的提升不仅有助于提高运动员的击剑技巧，还能增强运动员的技战术水平和整体表现。

（一）专项力量练习方法

力量素质在击剑对抗中扮演着重要的角色，运动员只有具备足够的力量才能有效地控制自己与对手的器械②。由于比赛在狭长的剑道上进行，交锋中那些紧逼与反紧逼、弓步的出击与还原、进攻与防御姿势的转换、维持身体重心的平衡等，主要是通过腰、腹、腿等部位的力量加以控制。力量素质分为最大力量、速度力量（爆发力）和力量耐力3种，击剑交锋中的很多动作主要靠爆发力来完成。

1. 肢体力量练习

1）正、反手持哑铃腕弯举：要求哑铃重量不要太大，动作连贯完成，运动员以自身最大能力的次数进行练习，目的是发展腕关节力量。

2）哑铃快推举：这一练习的目的是发展下肢爆发力，要求上下肢协调完成动作，并以最快速度完成。

3）推小车：要求行进间不要有臀部扭转动作，应靠上肢及腰腹力量完成动作，目的是发展上肢和腰腹部力量。

2. 腹背肌力量练习

1）直膝、屈膝仰卧起坐：双手抱于后脑，直膝时要求膝盖绷直，起身幅度以腰部与地面成90度为准，屈膝起身幅度以肘关节触及膝关节为准。

2）团身收腹跳或垫上团身收腹：要求快速展现团身动作，确保膝关节触及胸部。

3）垫上背肌练习：身体俯卧于垫上，双手抱于后脑，此练习要求背屈幅度要大，也可增加负重，在后脑放一个小重量的哑铃片。

4）仰卧摆腿：仰卧于垫上，双腿交替向上摆动，摆动腿达最大幅度时与地面夹角为90度，此练习要求脚尖、膝关节绷直快速完成。

5）体侧腰肌练习：侧卧于垫上，要求完全依靠腰腹力量完成动作，而非靠肘关

---

① 杜长亮.竞技能力网络结构特征的实证演绎——以女子重剑项目为例[J].体育科学,2013,33(2):47-60.
② 张学工.青少年击剑运动员体能训练方法研究[J].武术研究,2024,9(8):96-98.

节、垫子的弹性来完成。

6）仰卧举腿：仰卧于垫上，双脚、双腿并拢，双腿同时上举，直至达 90 度为止，此练习要求脚尖、膝关节绷直快速完成。

7）转腰：肩部上斜方肌扛杠铃负重，双脚开立，腰部回转 180 度后，复位，再转向另一侧，此练习要求杠铃转向速度在运动员自身控制范围内。

8）两头起：仰卧于垫上，依靠腹部力量使双脚、上身同时离开垫子，双手触及脚部。

3. 腿部力量练习

1）负重深蹲：肩扛杠铃，杠铃重量以不低于本人最大负荷 80％为佳，此练习要求运动员慢蹲快起，蹲下过程中不应哈腰，尽量保持平直蹲下。

2）蹲起：双脚与肩同宽站立，双手协调摆臂，此练习同样要求运动员在蹲下过程中不应弯腰，尽量保持平直蹲下，要慢蹲快起。

3）蹲起跳：双脚与肩同宽站立，双眼正视前方，半蹲起跳，双脚双膝以自身最大能力向正前方路地起跳；此练习要求全过程要协调，应体现爆发性。

4）蛙跳：此练习的目的是发展下肢及腰腹力量，运动员可选择一次性或连续性蛙跳。

5）摸高：三步助跑，单脚或双脚起跳，一手尽全力摸顶，另一手起协调作用；此练习要求运动员注意起跳时全身应协调运动。

6）原地高跳：运动员直立站好，完成原地最大纵跳高度，下落后膝关节微屈起缓冲作用，并迅速进行下一次跳起动作。

7）单腿跳：运动员可以选用绕场地跳，或带有游戏性质的双人追逐跳。练习时，单腿深蹲起，运动员采用直立蹲下的方式，然后用脚踝的力量蹬地起身。

8）提踵：运动员站于台阶边缘，将脚前段留于台阶上，利用踝关节的力量使身体上提。

9）半蹲跳：运动员肩部负重，以半蹲位起跳。

4. 手上力量练习

1）运动员手握小杠铃片一类的重物练习出手刺出，该练习要求重物的重量不宜过重，较小重量即可，并要求运动员的刺出动作越小越好。运动员应保证每天进行此练习至少 150 次。

2）运动员将剑套上杠铃片（或用断剑条缠于剑尖处），执剑做刺出练习，也可进行转移刺、防守等练习。

3）运动员以手指走剑，先下行再上行为一组，一般进行 4 组。

4）运动员练习用剑尖写字。

5）运动员用手捏夹子，目的是增强手指的力量。

（二）在进行力量素质练习时应注意的问题

1）运动员应正确掌握呼吸方法。在重复做用力不大的练习时，运动员应尽量不憋气。对于初级练习者来说，极限和次极限的练习不宜太多，运动员在完成力量练习之前不应该做最深的吸气，否则会增加胸廓内在的压力。

2）运动员应系统、合理地安排力量练习，每周可安排1～2次，但不能在疲劳的情况下进行，否则会变为发展耐力。运动员要注意负荷与恢复的关系，在进行力量训练后要注意放松肌肉[①]。

3）练习手段力求与专项动作相似，根据击剑自身的特点，运动员必须选择与本项目有密切关系的力量练习。

4）运动员在进行力量素质练习时应以动力性力量为主，少用静力性练习，要使紧张与放松交替进行，全面发展身体各部位的一般力量，并以多关节、上下肢的短促用力（爆发力）来全面发展速度力量。

5）运动员在发展速度力量时，动作应尽可能协调、流畅，负荷强度要适宜，重复次数不宜过多。

6）运动员在进行力量练习时，除了发展全身大肌肉群的力量外，还应重视小肌肉群的力量训练，重点应发展对专项力量起作用的肌肉群的绝对力量和爆发力、快速力量和快速力量耐力[②]。

7）运动员必须根据自身的特点进行练习，练习方式要因人而异、区别对待。运动员在进行髋、脊柱、膝关节方面的力量训练时要慎重。

三、专项耐力训练

击剑运动对运动员的耐力要求极高，这不仅体现在比赛中的长时间高强度对抗上，还与快速移动和频繁的技术动作有关。因此，专项耐力在击剑运动中起到了至关重要的作用。首先，击剑比赛通常持续时间较长，运动员需要保持高水平的体能和心理状态以应对比赛中的各种挑战。为了达到这一目标，击剑运动员必须进行系统的耐力训练，以提高其自控能力和心理素质[③]。其次，体能测试是评估击剑运动员耐力水平的重要手段之一。根据中国击剑协会的规定，每名运动员需进行6项必测项目和3项选测项目的体能测试，其中包括5 000米跑、腹肌耐力和背肌耐力等项目。这些测试指标能够全面反映运动员的耐力水平，并为后续的专项训练提供科学依据。

---

① 吴花.体能训练中发展力量素质的依据和方法[J].江西金融职工大学学报,2006,(S2):311-312.

② 王银晖.人体运动链理论溯源及对功能性训练的启示[J].成都体育学院学报,2017,43(2):60-66.

③ 王一郎.击剑运动员体能训练方法探索[J].黑龙江科学,2016,7(10):104-105.

（一）专项耐力练习方法

1）往返移动步法练习：运动员以一定的距离计时进行往返移步，例如，在 5 米内往返 5 次计时移步，在 10 米内往返 10 次计时移步。此练习要求动作要准确，重心不能上下起伏。

2）变距计时移步练习：运动员进行前进或后退 3 米、前进或后退 5 米、前进或后退 10 米的练习。

3）定时弹跳步练习。

4）转体跳练习：运动员双脚起跳转体 180 度成实战姿势，每组做 8～10 次。

5）综合步法练习：教师可根据任务自行规定内容。

6）长时间对抗循环练习：例如，运动员分成若干组进行攻防对练，每次 10 分钟，再交换对手进行练习，中间不休息。

7）弹跳步、弓步、移动组合练习，6～10 分钟为一组。

（二）耐力素质练习应注意的问题

1）耐力素质练习要循序渐进。运动员在做负重杠铃练习时应在教师的严格指导下进行。

2）耐力训练效果的好坏取决于练习强度、持续时间、间歇时间、方法和重复次数等[①]。

3）运动员在进行耐力训练时应大力提高有氧耐力，也要逐步加大无氧耐力。无氧耐力的发展是建立在有氧耐力的基础上的，运动员应特别注意专项耐力的提高。

4）运动员要加强对意志品质的培养。耐力训练是艰苦的，所以，教师除了要采用多样化的训练手段来增加运动员的兴趣外，必须培养运动员吃苦耐劳的精神。

5）运动员要十分注意呼吸，呼吸能力对耐力训练十分重要。运动员要用鼻呼吸，呼吸节奏和动作节奏协调一致，否则不利于耐力素质的提高。

第二节　击剑体能操

击剑体能操作为击剑体能活动的重要组成部分，巧妙地融合了健身和表演的双重特性，从而具有学习门槛低、易于掌握的优点，而且还摆脱了击剑比赛对场地的严格限制，因此在广大学生群体中深受欢迎，具有较强的普及性。击剑体能操的形式创新性地改造了传统击剑运动方式，为大学生的健身运动增添了新的内容和活力，丰富

---

① 武正罡.击剑运动员力量素质训练方法研究[J].广东职业技术教育与研究,2016(5):16-19.

了大学生在锻炼方面的选择，对于灵敏能力的提升、节奏感的培养具有良好的促进作用①。

击剑动作中的伸展、变化、拉伸等动作可以增强肌肉力量，提升肌腱、韧带和深度肌肉群的弹性，形成健康的人体力量美感，这表明击剑体能操具有良好的健身效果。击剑体能操可以提高人们的自控能力和心理素质，考验人们的忍耐力、快速移动能力和身体素质，这说明击剑体能操对提升体能有着重要的作用。

击剑运动对运动员的体能要求高，具有鲜明的专项特征，其中包括速度、耐力、力量、灵敏和协调等专项素质，这表明击剑体能操能够全面锻炼运动员的体能。根据击剑运动的特殊要求制订力量和体能训练计划，可以更有效地帮助运动员预防损伤，结合模仿击剑动作和步法的练习可以帮助运动员提高成绩并降低过度运动损伤发生的风险，这说明击剑体能操在预防损伤和提高成绩方面有积极作用。

但要注意的是，有下列情况的学生不建议进行击剑体能操练习：

1）有腰、颈、肩、骶骨、髂骨、肘关节、踝关节、膝关节损伤；

2）有心脑血管疾病；

3）半年之内做过手术；

4）身体不适。

一、击剑体能操（初级）内容

击剑体能操（初级）内容如表 5 - 1 所列（可扫描二维码，跟随视频有序练习）。

击剑体能操
（初级）二维码

表 5 - 1　击剑体能操（初级）内容

序　号	动作名称	练习要求
1	原地快跑	注意前后摆臂，肩关节保持放松
2	实战姿势抬脚尖左侧	注意前脚尖向正前方
3	实战姿势抬脚尖右侧	注意保持正确动作，形成良好动力定型
4	实战姿势弹跳步左侧	前腿膝关节垂直线于脚背
5	实战姿势弹跳步右侧	后腿膝关节垂直线于脚尖
6	实战姿势深蹲左侧	两腿膝关节打开成 90 度
7	实战姿势深蹲右侧	两脚脚后跟提起，躯干垂直于地面
8	左弓步转体伸拉	转体看自己的左手
9	右弓步转体伸拉	转体看自己的右手
10	左大腿前侧拉伸	左手抓住左腿踝关节
11	右大腿前侧拉伸	支撑腿站稳，胯微向前移

---

① 彭敏.中国男子花剑队备战 2012 伦敦奥运灵敏与快速力量训练方法研究［M］.北京：北京体育大学出版社，2021：107.

二、击剑体能操(中级)内容

击剑体能操(中级)内容如表 5 - 2 所列(可扫描二维码,跟随视频有序练习)。

击剑体能操
(中级)二维码

表 5 - 2　击剑体能操(中级)内容

序　号	动作名称	练习要求
1	原地快跑	摆臂同时交替抬腿
2	实战姿势抬脚尖左侧	重心保持在两腿中间
3	实战姿势抬脚尖右侧	躯干不要前后晃动,保持稳定
4	实战姿势弹跳步左侧	前脚掌着地,两腿膝关节打开成90度
5	实战姿势弹跳步右侧	落地膝关节微屈进行缓冲
6	实战姿势前后跃步左侧	前脚掌与后脚掌内侧发力
7	实战姿势前后跃步右侧	核心收紧,躯干保持挺直
8	实战姿势交叉步左侧	目视前方,减小上下起伏
9	实战姿势交叉步右侧	保持节奏,不要忽快忽慢
10	实战姿势深蹲左侧	躯干垂直,髋关节打开
11	实战姿势深蹲右侧	躯干不要前倾,保持实战姿势
12	左弓步转体伸拉	左腿向前跨一大步,右手撑地
13	右弓步转体伸拉	背部保持成一条直线
14	左大腿前侧拉伸	躯干直立,左手拉住左腿踝关节
15	右大腿前侧拉伸	身体平衡,髋关节微向前倾

三、击剑体能操(高级)内容

击剑体能操(高级)内容如表 5 - 3 所列(可扫描二维码,跟随视频有序练习)。

击剑体能操
(高级)二维码

表 5 - 3　击剑体能操(高级)内容

序　号	动作名称	动作要求
1	原地快跑	快速摆臂的两腿交替上抬,前脚掌着地
2	实战姿势抬脚尖左侧	保持前臂持剑的正确动作
3	实战姿势抬脚尖右侧	控制好重心在两脚之间
4	实战姿势弹跳步左侧	髋关节打开,保持前后腿打开成90度
5	实战姿势弹跳步右侧	目视前方,保持呼吸均匀
6	实战姿势前后跃步左侧	保持前后移动10厘米,两脚前脚掌发力
7	实战姿势前后跃步右侧	下肢动作保持紧促,上肢动作放松

续表 5-3

序　号	动作名称	动作要求
8	实战姿势交叉步左侧	目视前方，减小上下起伏
9	实战姿势交叉步右侧	保持节奏，不要忽快忽慢
10	实战姿势深蹲左侧	两腿膝关节打开成 90 度
11	实战姿势深蹲右侧	两脚脚后跟提起，躯干垂直于地面
12	实战姿势弓步左侧	前后两臂协调用力，肩关节放松
13	实战姿势弓步右侧	注意先伸手勾脚尖，再出弓步
14	原地快跑	前脚先掌落地，膝关节微屈缓冲
15	实战姿势抬脚尖左侧	两臂保持实战姿势，肩关节放松
16	实战姿势抬脚尖右侧	两肩保持平衡，控制好重心在两脚中间
17	实战姿势弹跳步左侧	保持两腿膝关节弯曲度
18	实战姿势弹跳步右侧	保持呼吸均匀，动作正确
19	实战姿势前后跃步左侧	重心始终保持在两脚之间
20	实战姿势前后跃步右侧	注意前脚尖始终向前
21	实战姿势弓步左侧	前腿膝关节垂直线到脚背
22	实战姿势弓步右侧	后腿膝关节垂直线到脚尖
23	下蹲弓步左侧	两脚后跟提起，躯干保持垂直
24	下蹲弓步右侧	腰腹收紧，保持呼吸均匀
25	左弓步转体伸拉	左腿向前跨一大步，右手撑地
26	右弓步转体伸拉	眼睛跟随右手看向上
27	左大腿前侧拉伸	躯干直立，左手抓住踝关节
28	右大腿前侧拉伸	保持平衡，髋部微向前移

问题与思考

1. 击剑体能主要包括哪几个方面？
2. 进行击剑专项力量练习时应注意哪些问题？

第六章　击剑场地与装备

第一节　击剑场地

一、击剑场馆

击剑运动对场馆的要求较为严格,尤其是国际赛事。首先,比赛场地必须平整、无坡度,场馆内光线要明亮且均匀,以确保运动员在比赛中能够清晰地看到对手和目标。其次,场地内的透气性要好,这有助于保持空气流通,避免因比赛时间久而产生闷热感。

在灯光设计方面,击剑比赛对光照有非常高的要求。整个场馆需要安装充足的灯具,以提供柔和而均匀的光线,避免眩光影响运动员的表现。除了场地和灯光外,击剑比赛场馆还需要配备专业的电子裁判系统和音响设备等设施。这些设备不仅可以提高比赛的公正性和准确性,还能增强观众的观赛体验。另外,场馆内还需安装空调系统以调节温度,从而保证比赛环境的舒适性。

尽管击剑运动可以在室外进行,但正规的比赛一般都在室内进行,以确保所有条件都能达到标准。一些特殊赛事,如奥运会、世界锦标赛等,有时也会选择在歌剧院等高雅场所进行决赛,旨在突出其古典高雅的特性。比如,位于香榭丽舍大街的巴黎大皇宫(Grand Palais)是一座建于 1900 年巴黎世界博览会期间的标志性建筑。这座富丽堂皇的展览馆在历史上举办过许多重要的艺术和文化活动,在 2024 年巴黎奥运会期间,该馆临时转变为击剑比赛场馆。值得一提的是,在此次奥运会上,中国选手孙一文在大皇宫开启了她的第三次奥运之旅,而她领衔的中国击剑队也在此次盛会上取得了优异的成绩。

二、击剑剑道

(一) 击剑比赛场地中的剑道

击剑比赛场地中的剑道主要是在木质运动地板上铺盖一层金属网或者金属板。金属剑道按 14 米长的剑道设置,为了使越出边界的运动员能后退到一块平坦的场地上,剑道两端各增加 1.5～2 米的长度。因此,金属剑道长度为 17～18 米(见图 6-1)。

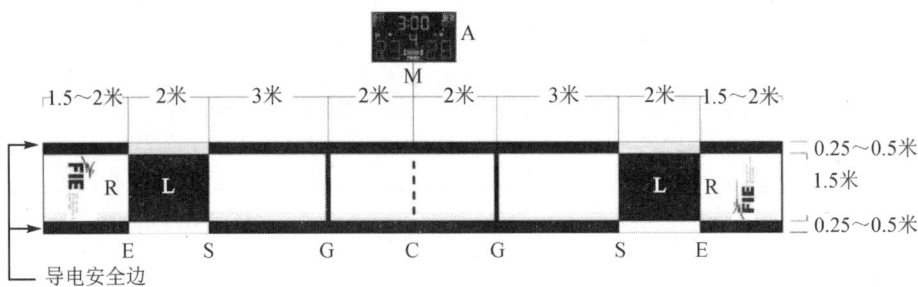

A—裁判器桌;M—距剑道边 1～5 米;C—中线;G—开始线;
S—2 米警告区的标志线;E—端线;R—延长区;L—剑道的最后 2 米。

图 6-1　金属剑道

(二) 场地区域划分线

剑道中央的一条线是中线,离中线各 2 米处为双方选手的开始线,双方开始线往后各 5 米处为端线,端线外的两端有 2 米长的警告区,各种划分线的宽度为 3～5 厘米(见图 6-2)。

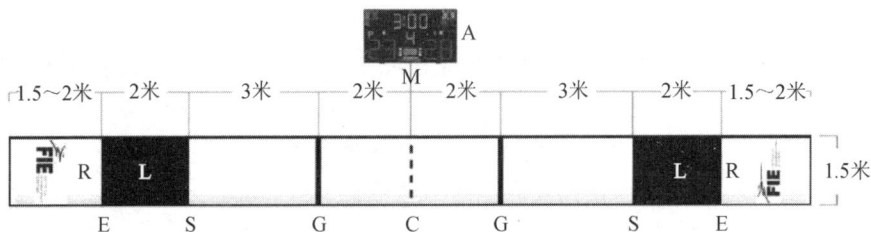

A—裁判器桌;M—距剑道边 1～5 米;C—中线;G—开始线;
S—2 米警告区的标志线;E—端线;R—延长区;L—剑道的最后 2 米。

图 6-2　剑道场地区域划分图

注:在电动花剑和重剑比赛场地中,金属物必须覆盖整个剑道、延长区部分及颜色不同的其他区域。

(三) 剑道高度

通用剑道的高度为 10 厘米,决赛、半决赛剑道击剑台的高度不应超过 50 厘米,剑道延伸部分后应有一定距离的斜坡(见图 6-3)。

(四) 剑道收紧器

金属剑道最适宜铺设在软质垫料的木地板上,该木地板被抬升至地面以上 12～15 厘米的高度,并配有收紧器以确保剑道保持理想的拉紧状态。木地板侧面无需铺设斜板,使用金属条并通过螺钉将其固定在木板的两侧,可进一步增强其稳定性。

金属网剑道绝不可以直接铺在钢筋混凝土和瓷砖地面上。剑道台面必须由金

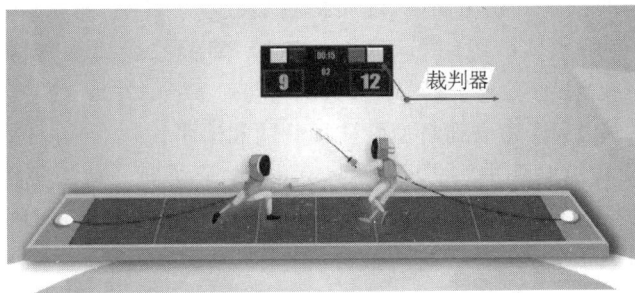

图 6-3 剑道高度

属、金属网或导电的材料制成,其两端之间的电阻不能大于 5 欧姆。

(五) 剑道的导电性与摩擦力

在金属剑道上划线所使用的颜料的成分影响导电,以使得剑击中于剑道划线上时不产生信号。赛事组织者应在现场备有可以立即修理剑道的器材。金属剑道末端不得有妨碍运动员进行正常后退的障碍物。对于世锦赛和奥运会使用的剑道,组织委员会代表必须在赛前用摩擦力测试仪进行检测。摩擦力测试仪的规格必须符合认证手册规定的相关要求。

第二节　击剑装备

一、击剑服装

(一) 击剑服

击剑服为白色三件套(上衣、裤子、防护背心),均由防弹材料制成,整套衣服都能够承受 800 牛顿的抗力,以保证安全。表面不能过于光滑,其强度足以抵挡剑的刺劈。

当运动员呈实战姿势时,击剑外套应盖住击剑裤腰往下 10 厘米处,并能盖住有效部位。外套不得卡住对方的剑或能使对方的剑刺入,不能有环扣和开口,领口高 3 厘米。内衣至少应用两层布制作,袖长要到持剑臂的肘弯处,在腋下无接缝、无开口,以保护肋侧。只要保证安全,内衣也可固定在外套上。裤子的长度要超过膝,并绑紧固定。

(二) 女士护胸与男士护板

以硬质塑料或金属材料制作而成的护胸是女子击剑运动员的必备装备,如今男运动员也有相同的护具。在花剑中，硬质护胸具有以下特征：整个外侧部分（面对对手的一侧）必须使用柔软的组织覆盖，例如乙烯-醋酸乙烯共聚物（Ethylene-Vinyl-Acetate Copolymer，EVA），其材料厚 4 毫米，密度为每立方米 22 千克，这种织物可以附着在硬质护胸上，或集成到新型硬质护胸的制造中。

女子运动员必须佩戴护胸进行比赛，其中，女子花剑运动员必须佩戴符合 FIE 标准的新材质护胸；男子运动员可以佩戴护胸进行比赛，如佩戴，则必须佩戴符合 FIE 标准的新材质护胸。

（三）击剑袜与击剑鞋

击剑运动员在比赛时必须穿一双与击剑裤相配的击剑袜，袜子的长度应完全遮盖裤子膝部以下的腿部，比赛时要系牢并保证其不会脱落。比赛准许运动员在长袜顶端留出一道长 10 厘米的代表国旗颜色的翻边。

击剑鞋是为承受击剑运动中的巨大冲击力而专门设计的鞋，鞋子的扁平外跟能够为击剑选手在做前进、后退和弓步刺动作时提供稳定性。最新式的击剑鞋在后跟背面增加了一块泡棉，以适应击剑选手连续不断的步法动作。与鞋底连接的鞋帮可以防止磨损，同时减轻了运动鞋的总体重量。

（四）击剑手套

击剑手套多为羊皮所制，手掌处布满了精密的细纹设计以增强防滑性能。同时，运动员戴上手套可以防止对手刺来的剑直接接触皮肤，从而可避免受伤。此外，在任何比赛或训练情境下穿戴长筒设计的手套时，手套的筒部必须充分覆盖运动员持剑臂前臂至少一半的长度，以避免被对手的剑尖刺入上衣的袖口。手套闭合处应该朝向拇指握住剑柄中央的方向。击剑手套应至少具备 800 牛顿的保护强度，接缝强度至少为 200 牛顿，袖口处保护强度至少为 350 牛顿。手套内部必须带有经国际剑联授权的"FIE"认证标识，标明生产年份和"800N"字样。

（五）金属衣

花剑运动员在比赛时应穿金属衣，运动员在做各种动作时，此金属衣都能覆盖有效部位。金属衣应有良好的导电性能，任何两点之间的电阻都不超过 5 欧姆，里料应绝缘。所用的金属丝织物应使用金属线双向编织，为测量织物导电性能，可使用一个铜或黄铜做的 500 克砝码，砝码末端为半径 4 毫米的半球体，将该砝码的末端放在金属丝织物上来回移动，在保证持续接触的情况下，织物最大电阻为 5 欧姆。

如图 6-4 所示，花剑金属衣领口的高度应有 3 厘米，领口下部的非金属织带至少应有 3 厘米宽。金属衣要有 1~3 厘米的金属带翻领，用于夹面罩导线的鳄鱼夹。花剑金属衣的标准为有效部位除去四肢和头部，限于躯干，向上至衣领顶端，直至锁骨顶端以上 6 厘米处为止。金属衣侧面至袖子的缝线应经过肱骨尖端，向下沿脊背上一条水平走向的线,经过胯骨顶端,并由此通过一条直线,与腹股沟折皱处的连接点相交。

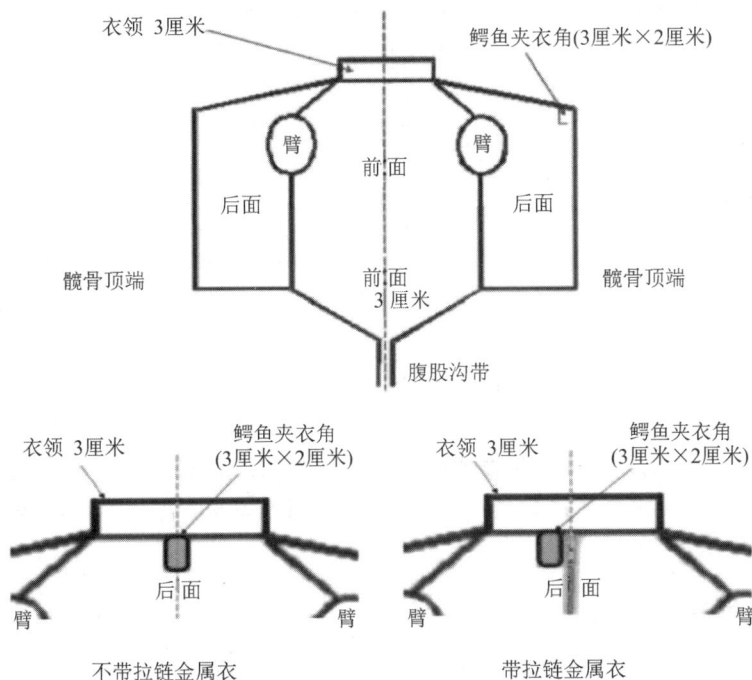

图 6-4　花剑金属衣标准示意图

二、击剑器材

(一) 面　罩

面罩是呈网状的金属套,网眼最大不超过 2.1 毫米,其网眼能承受 1 000 牛顿的压力而不变形。面罩能覆盖头部所有脆弱部分,并能承受 1 600 牛顿的冲击力,以保证参与者头颈部的安全。

花剑新型护颈面罩——传导护颈的有效位置是下颌下方 1.5～2 厘米处水平线以下的部位,但无论在什么情况下,水平线都不能低于肩部。护颈和金属衣通过含有两个鳄鱼夹的面罩线连接,电源线的长度应为 30～40 厘米。不允许使用螺旋式头线。鳄鱼夹应坚固,且确保与金属衣接触良好。接触点宽度应至少达 10 毫米,夹子内部应具有一个至少 8 毫米长、3 毫米高的自由空间。鳄鱼夹应夹在持剑手臂一侧的金属衣背部。另外,两个鳄鱼夹之间的导线电阻不应超过 1 欧姆。金属导线必须是白色或透明的银色,其他颜色不允许使用。花剑面罩包括护颈,均采用不绝缘的金属,用导线和鳄鱼夹与金属衣相连,面罩的金属网应确保导电性。

（二）裁判器

为了使比赛的胜负判定更加准确、公正,电动裁判器被研制出来并获得使用,它的功能是,只要有一方击中或双方击中,都可显示在裁判器上,从而方便和协助裁判对交锋情况进行判罚。在花剑中,有关裁判器的使用应注意的问题是:如果刺中无效部位,裁判器同侧不能显示可能击中有效灯;裁判器不会显示两个或多个同时击中的信号,也不会显示是否存在计时优先权。裁判器应使用 12 伏特的电压(允许误差范围在 ±5％ 范围内),或者在两侧分开供电的情况下,电压为 2×12 伏特,也或者是2×6 伏特(推荐分开供电,这种方式可以解决在制造花剑裁判器的过程中遇到的若干问题)。

（三）拖　线

拖线是连接剑与裁判器的连线,拖线中每根导线的最大电阻为 2 欧姆,拖线的导线长度为 18～20 米。在没有拖线盘的情况下,可使用悬挂拖线,即用滑轮或橡皮筋将拖线悬挂于高空来代替。每根附属电缆(将裁判器连接到拖线盘的电线)的最大电阻为 2.5 欧姆,电缆两头有三齿插头。

（四）拖线盘

拖线盘具有收紧器的功能,里面有一盘类似钟表的弹簧,会将 20 米的拖线收在绞盘里。拖线盘能够让电缆随着参与者的进退而及时伸缩,弹簧应能承受放线后的拉力。

（五）手　线

手线完全绝缘,防潮,集束或拧成绳索状。手线的两端分别是一个连接插头,插头的固定连接板必须由透明材料制成。如果剑身没有安装安全装置,则需要有手线。从插头到插头以及从插头到鳄鱼夹的手线中,每根导线的电阻不能超过 1 欧姆。

花剑手线一端是一个有 3 个直径为 4 毫米插齿的插头,另一端是一个有一粗(4 毫米)和一细(3 毫米)两个插齿的插头(与花剑上导线的插座相连)和一个鳄鱼夹。三齿插头的中心齿与电动花剑上的导线连接,近端齿连接鳄鱼夹用于金属衣,远端齿与手线另一端插头的粗齿相通用于护手盘。鳄鱼夹齿宽要超过 10 毫米、长 8 毫米、高 3 毫米。地线是将电动裁判器连接到金属场地的导线,可由裁判器的一个专门插孔接出或从离中心齿 20 毫米的插孔内按出。

（六）外接显示灯

正式比赛中必须使用外接显示灯,显示灯高于场地 1.8 米,是由一组红灯和白灯与另一组绿灯和白灯构成,两组灯之间的距离不小于 50 厘米,同一组灯中两灯的间隔则不超过 15 厘米。

第三节 花剑装备的维护

花剑装备的日常维护和保养是为了有效延长包括电动花剑、击剑服(三件套)、金属衣、护面、金属衣、手线等击剑装备的使用寿命,保持装备的最佳状态。定期检查装备是否有磨损或损坏的情况并及时修补,是维护装备的重要环节。

一、日常保养与维修

(一) 电动剑的检测

电动剑在安装后投入使用的过程中,应当经常接受检测,使剑符合比赛规则要求,保持良好的工作状态。

1. 花 剑

花剑最长为 110 厘米,重量不超过 500 克。剑身为钢制品,最长为 90 厘米,横断面为长方形。电动花剑剑身前端应包有 15 厘米长的绝缘物,剑柄也应与剑身、护手盘绝缘。普通花剑剑头直径应为 5.5～7 毫米,长为 1.5 厘米左右。

花剑剑条韧性应为 5.5～9.5 厘米,测量花剑韧性的方法是:① 在离剑尖 70 厘米处固定剑身;② 在离剑尖 3 厘米处挂一个 200 克的砝码;③ 测量剑尖挂砝码与不挂砝码时位置间的距离。

花剑护手盘最大直径为 12 厘米,中心禁止偏离。

2. 电动剑头

电动剑头为圆柱形,剑头顶端平,边缘呈半径为 0.5 毫米的弧度或者 0.5 毫米的 45 度角斜面。

花剑电动头冠部直径为 5.5～7 毫米,底部包括外部绝缘物的直径不能小于冠部直径的 0.3 毫米。剑头弹簧压力应能顶起 500 克的砝码,压缩活动范围无限小,几乎可以忽略不计,且肯定小于 1 毫米。

(二) 电动剑的保养

1) 比赛剑禁止在剑道上拖动、刺出,矫正剑条时不可以在剑道上进行,电动剑头应保证洁净、平整,剑不用时用剑套套好剑身。及时矫正剑条的形态,矫正时动作要轻柔,应顺着剑条的拱形踩压剑形。

2) 花剑剑条内槽的金属线因松动而脱离剑条时,需用 502 胶水将其重新粘连,粘连过程是:先用一根结实的线(一般可用废旧手线)将剑头固定,使剑条保持一定的弓形,将线的另一头拉至手柄处固定住,剑头朝上(避免 502 胶水流入剑头),滴入适量 502 胶水，使胶水顺着剑槽由上至下流入，保持半小时，使 502 胶水完全晾干。

3）在处理剑头松动的问题时，应及时调紧螺钉，如有螺钉脱离，则要及时补上，否则剑头冠部会因为紧固螺丝受力不均而造成卡头现象。手柄和护手盘要紧实，一旦松动，要及时用六角扳手拧紧，但要注意，切勿将剑槽内的金属线压断，要保证金属线在护手盘中间的小孔和手柄前段的缺口处穿过。不要用剑刺地板、墙壁等硬物。

4）应尽量保证剑条干燥，避免剑条生锈，生锈的剑条也会导致外接显示灯亮灯。应保证护手盘洁净，若有污点，会变成不绝缘处，可能导致外接显示灯亮灯。

（三）金属衣、金属面罩的保养

金属衣和金属面罩应尽量避免清洗。比赛结束后，运动员应马上脱下这些装备，将装备放置在通风良好的地方使其自然晾干，条件允许的话，最好能够快速烘干。值得注意的是，在潮湿的环境中，这些装备的使用寿命会相对缩短。如果这些装备必须清洗，切勿使用具有腐蚀性的洗涤用品，使用清水漂洗即可，切勿用硬毛刷等用具加以清洁。

（四）维修配件与器具

维修配件与器件包括一字起子、十字起子、老虎钳、扳手、锉刀、润滑油、502 胶水、剪刀、6 厘米内六角扳手、剑头插卡、验剑器、砝码等。

（五）击剑服

击剑服通常由特殊布料制成，经运动员穿着练习后容易沾染汗水。汗水中的盐分会腐蚀布料，导致衣服失去韧性。运动员在每次练习结束后应将击剑服从剑包中取出，及时将其晾干。建议击剑服每穿五节课后清洗一次，可以使用普通洗衣机和洗衣液进行清洗。清洗后击剑服应避免暴晒，最好阴干，以防止布料老化，也可以延长击剑服装的使用寿命。

二、比赛中出现装备故障的处理方法

选手在击剑比赛中如果遇到明显刺中不亮灯的情况，应立即示意裁判终止比赛并请求检验，切勿自己先验剑，以免影响比赛的公正性。

裁判在剑道比赛中进行检验的顺序如下。

首先，查看拖线盘和手线的连接是否正常，这是为了确认选手使用的电动剑是否能够正常工作，如果拖线盘和手线连接不正常，可能会导致比赛中出现意外情况，从而影响比赛的公平性和安全性。

然后，检查手线和护手盘的连接是否正常，这一步骤是为了进一步确认选手装备的安全性，确保所有的连接部分都牢固可靠，避免在比赛中发生脱落或断裂的情况。

若以上都是正常的，裁判再以适合的力度去触按剑头，查看其是否能正常亮灯。

这一步是对选手装备中电子部件的最后检查,确保在比赛过程中使用电子指示灯来判断得分情况时,设备能够正常工作。

如果在上述步骤中发现任何问题,裁判可以请求换剑,并取消本次交锋得分。这些步骤旨在确保比赛的顺利进行和选手的安全,同时保证比赛的公平公正。

此外,比赛过程中还有可能出现各种各样的问题,问题出现时,可以采用一些实用的方法予以解决。金属衣、金属面罩有绝缘点导致不亮灯,这属于选手自身的问题,因此,运动员平时应妥善保管与爱护装备,并且经常检查。若手线两端插头内连线接触不良而导致不亮灯,则需要将插头拆开修理,如遇插头松动,可用小刀挑动插柱将其扩张至合适大小。若是电动剑剑槽内的金属线断开或与护手盘内的插头接触不良而导致不亮灯,需及时将剑槽拆开修理。当电动剑的剑头损坏而导致不亮灯时,特别是在花剑的使用过程中,剑的冠部有时会意外地卡在剑身的底部,在这种情况下,可以通过轻轻敲打剑身的方式来促使冠部顺利弹出。在花剑比赛中,如刺中有效部位时亮白灯,可能是因金属衣导电不良而造成的问题。

问题与思考

1. 请绘制击剑比赛剑道示意图。
2. 如何处理比赛中的器材故障?

第七章　击剑运动的竞赛规则与赛事文化

击剑运动作为一项格斗对抗类项目,能够从欧洲传统的体育运动发展为奥林匹克运动赛事项目,需要进行现代化的文明式改进,其中特别重要的内容就是赛事规则,包括裁判规则、参赛规则与方法。另外,击剑的赛事文化与击剑运动中的那些著名人物、运动精神、拼搏故事等百年赛事发展史紧密相联。

第一节　花剑裁判规则

一、花剑的击中方法与有效部位

(一) 击中方法

1) 击剑是一种完全刺击武器。攻击动作是使用剑尖击中有效部位。如果使用剑身横击有效部位,则属于无效动作。

2) 花剑比赛讲究优先裁判权,即先攻击而击中者得分。被攻击者须先做出有效防守动作后再进攻,击中才有效。

(二) 有效部位

1) 花剑的有效击中部位是躯干。击中有效部位是在金属衣区域,通过这种方式,电子仪器便可以区分出有效和无效击中。

2) 当进攻者通过不规范动作用无效部位代替有效部位时,该无效部位若被击中就算有效,主裁判可以独自判定,也可以询问助理裁判员。

二、花剑的击中判断与优先裁判权

(一) 击中判断

1) 在花剑比赛中,对于击中事实的认定只能以裁判器显示的信号为准。

2) 双方同时击中均不得分。在此情况下,击中优先裁判权很难区分,如对抗中剑触及手臂,而手臂在花剑中属于无效部位。

（二）优先裁判权

1）发动进攻时，如果对手不处于"击剑线姿势"（实战姿势直刺），进攻者则可以运用直刺、转移刺、交叉刺来发动进攻，或在进攻之前运用一次击打或有效的假动作来迫使对手实施防守。

2）发动进攻时，若对手处于"击剑线姿势"（实战姿势直刺），进攻者应该先打开对手的剑，注意，如果对手的剑没有产生位移，不能视为一次有效的击打。

3）进攻者击打对手的剑，却没有碰到（被对手避开），则优先裁判权转移到对手一方。

4）进攻者实施击打进攻，当击打在对手剑身弱部（剑身前三分之一）时，为有效击打且获得优先裁判权；当击打在对手剑身强部（剑身后三分之一）时，为无效击打且对手获得优先裁判权。

5）当对手进攻时，防守方用剑的强部（剑身后三分之一）防守对方剑身的弱部（剑身前三分之一），这种方式为有效防守并可获得优先裁判权。

三、裁判员的判决方法

裁判员的判决方法如下：若比赛使用电动器材，由主裁判根据选手的交锋情况，电动裁判器通过信号显示交锋情况，按比赛规则中的优先裁判权原则单独进行判决；若比赛不使用电动裁判器，由主裁判分析交锋过程，每一个交锋动作都由选手同侧的两名角裁判共同表决判定，主裁判有一票半的权利，角裁判一票，弃权为零票。

（一）主裁判的工作步骤

1）主裁判每次应根据裁判长的点名到指定比赛剑道进行裁判工作，比赛前先领记录表，然后到比赛剑道裁判组组织该剑道进行比赛。

2）主裁判应核对参赛选手、点名、核对袖标和号码。裁判台准备好后，主裁判根据比赛顺序通知选手上场，让比赛顺序靠前的选手站在主裁判的右侧，顺序靠后的选手站在左侧，左手执剑的选手例外。

3）比赛开始前，主裁判应先检查选手的服装、器材，包括检查备用剑、手线、器材的面罩是否符合该剑种的要求；金属衣是否合身，能否完整覆盖有效部位，是否有新的破损；比赛服面料；护胸内衣，女选手的硬质护胸。复检项目为电动器材性能的弯曲度，电花剑的弯曲度应小于 2 厘米。此外，电动花剑剑身前端应包有 15 厘米的绝缘物，花剑剑尖直径应在 5.5～6 毫米之间，长度为 1.5 厘米左右[①]。

4）主裁判要求选手相互试验电动器材性能，在花剑中，即要求选手互刺金属衣，用剑刺击场地、无效部位。

---

① 俞继英.奥林匹克击剑［M］.北京：人民体育出版社,2001：145.

5）比赛开始，主裁判观察选手交锋的情况，当有一方被击中或双方无法交锋，或出现意外情况时，主裁判可立即叫停，根据选手的交锋情况，先分析动作性质，借助裁判器信号或角裁判的意见来判定选手是否被击中，当发现选手有犯规行为时立即给予处罚。在每场比赛结束时，主裁判判定选手的胜负，并在核对选手的比分后，在核对表上签字确认。

6）在全部比赛结束后，主裁判应在记录表上签字，确认后由裁判小组长将记录表送至编排组。

（二）主裁判的工作要点

1. 要有正确的指导思想

严肃、认真、公正、准确，这是每个裁判员在工作时必须遵守的基本原则。正确的判断来自裁判员的严格而无偏心、高度的责任感、认真的工作态度，并且无任何地区性倾向、感情倾向、强手倾向等不利于团结的判罚。

1）主裁判在上场前要稳定情绪，集中思想和注意力，不要受其他因素干扰。

2）主裁判在比赛中减少错判、漏判，产生错判、漏判时，要控制自己的情绪不受干扰，要保持自信，继续以高度负责、集中与认真的态度仔细观察，从而达到准确的判断。

3）主裁判要以公正、自信的态度做好每一场、每一剑比赛的判别工作，不受选手、教练员、观众的任何影响。

4）主裁判在工作中要注意劳逸结合、调节情绪、精力集中。

2. 要能准确分析判断

1）主裁判首先要熟悉全部规则并理解规则的精神，不但能对临场交锋做出准确判决，还能掌握对各种器材故障的处理方法，对于各种可能产生的竞赛纠纷能够及时根据规则精神加以处理，能够及时发现选手的犯规行为并准确处理。准确的判断必须建立在掌握比赛规则对于正确动作所界定概念的认识上，主裁判首先要理解正确进攻、防守的概念，能区分出正确动作和错误动作，分清动作的击剑时间，能够正确运用术语，正确掌握裁判尺度、犯规尺度等。

2）主裁判要准确分析交锋过程，必须经常观察实战和比赛，了解技术情况、动作特点以及当前技术发展动态，甚至了解选手的习惯动作、技术特点，这些对临场分析有很大帮助。除此之外，主裁判还应能区分几个战术行动之间的相互关系，如进攻与反攻、击剑线与反攻、防守还击与防守不良、击打进攻与防守不良、及时反攻和反攻、交叉进攻和回收手臂、击打和双方击打以及击打打空和摆脱等。

3）主裁判要掌握好处罚犯规的尺度，处罚尺度掌握得好与坏对赛中控制比赛场面有很大的影响，常见的比赛场面有以下几种：身体接触、不持剑手臂的犯规、冲撞、转身背向对手、超越。

3. 要有一定的实践经验

1）主裁判要调整好观察位置,观察交锋的方法应依据动作性质、选手剑的动作,适当参考形态、速度、意图表现等。

2）在对关键剑、场次的判断中,主裁判应思想集中、分析清晰、判断准确,切勿迟疑不定、拘束害怕,否则反而会造成漏判、错判。

3）主裁判的口令要响亮、清晰,在近战等混乱交锋情况下尤其要如此。

4）主裁判应适当掌握对犯规的处罚:裁判尺度应始终保持一致,对于判定相互击中的尺度不能过宽,否则会造成工作产生被动。

四、基本赛制

（一）个人赛

1. 混合赛制 A

混合赛制 A 用于成人世锦赛,以及成人世界杯和大奖赛的个人赛,其赛事安排如下:首先进行小组循环赛,决出一份初步名单;然后进行直接淘汰赛,列出 64 人对阵表的排位。国际剑联排名前 16 名的选手直接进入 1～16 号位置,循环赛排名前 16 名的选手进入 17～32 号位置。余下人员将通过直接淘汰赛决出 32 名参与者,进入 33～64 号位置。至此,赛事产生一个包括 64 名选手的正式直接淘汰赛名单,再从中决出 8 名或 4 名选手参加最后的决赛。

2. 混合赛制 B

混合赛制 B 的比赛流程是:所有选手都参加一轮循环赛后,赛事产生一份直接淘汰名单,再从中决出 8 名或 4 名选手进行最后的决赛。

3. 完整的直接淘汰制

完整的直接淘汰制适用于奥运会比赛,而全国比赛没有采用比赛制,全国比赛主要采用 B 款的直接淘汰制形式。

4. 双败淘汰制

双败淘汰制是一种在花剑比赛中应用的特殊赛制,它结合了单淘汰制和循环赛的特点,通常分为胜者组和败者组,胜者组的选手或队伍在输掉比赛后会降入败者组,而败者组的选手或队伍则需要连续获胜才能保持晋级希望,旨在确保比赛的公平性和激烈程度。双败淘汰制的流程是:首先进行一轮循环赛,决出一份初步名单;然后进入双败淘汰赛 32 人对阵表的选手,或 16 人对阵表的选手进行淘汰赛,输一场的选手根据编排方法进入补救赛,继续参加补救淘汰赛。一名选手输两场即被淘汰。接下来再从淘汰赛中胜出的选手中决出 8 名或 4 名参与者参加最后的决赛。

5. 多轮循环赛制

分组循环赛采用多轮循环赛制,每轮淘汰 20%～30% 的选手,直到决出 8 名或 4 名选手参加最后的决赛。

（二）团体赛（接力赛）

比赛按接力方式进行。在每场比赛中，一个队的 3 名选手将与另一队的 3 名选手对战（共 9 轮接力赛）。

1）在两队的比赛中，击中 5 剑为一轮（5—10—15—20 等），每轮比赛时间为 3 分钟。

2）当两队的第一名选手进行比赛时，若一方在 3 分钟的时间内击中 5 剑，该轮比赛即结束。

3）两队的第二名选手比赛至一方于 3 分钟的时间内击中累加到该队的第 10 剑，这轮比赛即结束，依此类推，每轮比赛递加 5 剑。

4）如果在 3 分钟内，选手没有击中预定的剑数，则下一轮的两名选手比赛至累加剑数达到规定剑数为止，限时依然为 3 分钟。

5）获胜队为首先获得最高得分（45 剑）的一方或在规定时间内击中剑数多的一方。

6）如果在最后一轮比赛的规定时间结束时，两队击中的剑数相同，则由最后一轮的两名选手进行 1 分钟的加时赛，首先击中一剑的一方即获胜。在加时赛前，双方选手必须进行抽签，若 1 分钟加时赛结束时双方得分仍相同，则抽中优胜权的一方获胜。

第二节　击剑实战比赛方法

一、击剑比赛的准备活动

击剑比赛的准备活动与其他项目相比具有其独特之处，主要体现在运动员对神经系统冷静、四肢肌肉放松和内脏器官兴奋的特别重视上，这些都可以为击剑运动员在激烈的对抗中提供必要的生理和心理支持，更能专注于比赛过程[1]。击剑是一种变化莫测且竞技性较强的对抗性比赛，要求运动员具备快速反应和敏锐判断的能力，同时需要手、眼、脚、躯干的密切协调配合。

击剑的准备活动包括充分活动踝关节、膝关节、腕关节、肩关节、颈部、脊椎以及大腿肌肉。这些热身动作不仅有助于预防运动损伤，还能提高运动员的整体素质和表现。此外，动态拉伸和使用弹力带进行抗阻训练也是常见的准备方式，这些准备活动可以刺激肌肉的激活和增强控制能力。

击剑准备活动还特别强调神经系统的冷静和内脏器官的兴奋，这与击剑运动对

---

[1] 张力为.中国奥运冠军经典案例心理分析[M].北京：人民体育出版社，2021：23-24.

反应速度和判断力的要求密切相关。击剑运动员在比赛中需要迅速做出反应并灵活应对各种情况,因此,其神经系统必须保持高度的集中和冷静状态。通过充分的热身和特定的训练方法,运动员可以有效提高神经系统的灵活性和反应速度。

(一) 击剑比赛的一般准备活动

1. 提高全身各个系统的兴奋性

人体可以通过积极活动促使体温上升,加速氧从血液输送至组织的过程,加速神经冲动的传递,加大肌肉收缩时的力量和速度,使细胞的代谢加强,从而达到击剑竞赛的要求。要达到这种效果,运动员通常采用的方式是事先适度牵拉关节、肌肉以防止受伤,然后通过慢跑、球类、游戏活动来实现。慢跑对心脏有诸多好处,包括增强心肺功能、增强心肌收缩力、促进新陈代谢和血液循环等。运动员兴趣较浓的球类活动可以提高其机体的心肺功能、肌肉力量和反应能力,调节其心理状态。游戏不仅能迅速激发呼吸与循环系统的活力,还能有效促进四肢的适度活动。

准备活动的时间可视运动员的具体情况而定:有的运动员兴奋性激活得较慢,准备时间应长一些;而兴奋较快的运动员可自行掌握,一般将心率控制在 140～150 次/分的范围较宜。跑步要有弹性,各关节,特别是肩关节,要尽力放松。

2. 抻拉肌肉、肌腱,提高柔韧性

在击剑比赛中,运动员会动用全身的大小肌群,特别是手指、小臂等小肌群。击剑运动对这些肌肉的绝对力量要求不高,强调松、快、准,即自我感觉兴奋、有力,运用时速度快,用时准确,运动员一般采用压肩、压腿、侧压腿来活动大关节和周围的韧带、肌腱,容易忽略手指、腕、小臂、脚踝等关节,从而破坏了全身的协调性。在击剑运动中,运动员执剑臂的伸缩、脚步的前后移动每时每刻都在不断地交替进行着,因此,在准备活动中,运动员要重视对抗肌之间的协调活动,如需要牵拉大腿前群肌,也要活动后群肌,否则会影响动作的速度、质量(准确性)。

3. 通过专门性练习,促使大脑皮层内部形成临时性的神经联系

经过前两个部分的活动,运动员的内脏器官与运动系统都已被动员了起来,随后运动员就应该根据正式练习或比赛内容的要求选择一些专门性的练习,促使已经在大脑皮层中产生的各兴奋区域之间建立起临时性的神经联系。这种在兴奋灶之间建立联系的做法是运动员执剑走上击剑赛场之前所做的专门练习,即指从比赛综合技术中分解出来的一些技术环节,一般做法是:

1) 与同伴或者个人进行步法移动,由慢到快,节奏分明。

2) 同伴相互之间做简单攻防练习,并结合脚步的移动。

3) 进行接近比赛的实战练习。

在做赛前准备工作的时候,运动员要分析对手的优缺点,同时也要解剖自己。对于准备活动的内容要有所选择,应做到心中有数,进行针对性的专门练习,包括让同伴模仿自己对手的习惯性动作和主要漏洞,本人做进攻练习,可以使用事先想好的战

术行动,尽量克服自己的弱点。另外,教练员也要时刻提醒运动员要总结上一场比赛的经验教训。

以上各种练习的时间不宜太长,双人练习应简单、清楚,不能复杂,要根据个人的具体情况而定。总而言之,整个准备活动必须使运动员保持清醒的头脑,使运动员具有迅速、准确的判断思维能力。

（二）针对个别情况的准备活动

根据运动员在技术特点、战术能力、水平高低、神经气质、体能、适应能力等方面的不同,击剑运动员中的个别情况概括起来可分为两大类,即技术型与自然型。

1）"技术型"即以技术水平较高为特点的运动员类型,这类运动员在最困难的情况下仍能把动作做得非常正确,再意外的情况也不能打乱运动员的动作,运动员掌握的动作很多,用的方法是高超、多变的,不管是在个别课、实战或是在比赛中,该类运动员所做的每一个动作都很完善。

这类运动员所要做的准备除了要升高体温、提高器官的兴奋度外,重点应放在研究好战术练习上,针对比赛中对手可能出现的情况多做练习,因为这类运动员的基本技术全面且较稳定,比赛一开始运动员就能适应而不会出差错,所以基本技术方面的练习应少一些。

2）"自然型"运动员一般掌握的动作都不太多,技术面较窄而且无法把每一个动作都做好,对不少动作都不适应,不能熟练地做出来,所依靠的是几个常用的动作,做起来较粗糙。这类运动员比较自然,不受规则的约束,其风格是个性突出,较为独特。这类运动员的准备一定要充分,按准备活动内容的顺序进行,逐渐过渡到实战练习上,实战练习的时间应相对长一些,由于其基本技术不稳定,运动员往往靠临场发挥来取胜,如果其神经系统、运动器官的兴奋度没有达到比赛的标准,运动员就无法快速移动、迅速进攻和防守还击,更适应不了激烈的比赛。

（三）实战准备程序

1）将手线穿入击剑服外套持剑臂的袖子中。

2）在比赛服外面套上金属衣。

3）将手线连接拖线盘、鳄鱼夹连接金属衣,将挂钩挂在衣服环扣上。

4）将手线连接电动剑（注意上保险）。

5）戴好手套。

6）调节手线长度。

7）裁判对剑进行检验（包括剑头间隙、剑头压力）。

8）将头盔线连接在头盔与金属衣上。

9）比赛双方相互试验电动器材性能（在花剑中,双方互刺金属衣,用剑刺击场地、无效部位。着重试验剑、金属衣和头盔三个导电部位）。

10）当裁判宣布准备比赛时,双方运动员在离中心线两米处的准备线上就位。运动员每得一分都需要回到准备线上重新开始比赛,没有得分则在原地准备。

二、实战比赛交锋

（一）实战中对步法的运用

1）步法要轻巧、自然,运动员在运用步法时应保持良好的距离感与对距离的适应性。

2）步法应根据战术需要和临场产生的突然情况迅速转换。运动员应以快速、及时、准确的步法来避开对手,同时又能迅速接近对手。

3）运动员在运用步法时,移动节奏要有变化,避免呈现规律性。

4）运动员在步法的欺骗性上要做到真假难分。

5）运动员应在完成手上技战术的基础上,配合距离做出随意的步法动作,而不是刻意行动。

（二）实战中对距离的运用

距离感是指运动员在实战中对比赛双方所处的位置和对实行击剑行动距离的判断能力,也就是运动员对于能使自己击中对方,而使对手难于击中自己的距离知觉。

1）运动员应正确地判断自己进攻的最佳距离。

2）运动员要正确地判断对手进攻的距离和自己应后退的距离,这样才利于进行防守还击。

3）运动员应正确地判断不同的距离,寻找利于自己采用不同进攻方法的距离。

4）运动员应能够在距离上有效地控制对方的各种意图,不给对手找到合适的距离以实现其意图的机会。

5）运动员根据对手情况及时对不利于自己的距离进行调整。

（三）实战中对剑的运用

1）运动员适度地握住武器,有效地控制好剑尖。

2）对于各种不同的姿势和距离,运动员都应该能良好地运用手腕、手指控制剑尖,找到有利的攻击角度和方法。

3）通过武器接触,运动员应能够知道自己的剑所处的位置是否有利,能迅速化不利为有利,使自己的剑始终处于方便控制又能够威胁、刺中对方的位置。

4）在各种条件下,运动员都应该能够稳定、良好地控制武器,适应各种变化,完成攻防任务。

（四）实战中对时机的运用

时机是实施击剑行动最有利的一瞬间和最不利于对手进行抵抗的一瞬间。

1）运动员要迅速、准确地判断对手的动作规律，从中捕捉时机，并且利用欺骗动作创造时机。

2）当时机出现时，运动员要具备敏锐、快速的反应能力，能够及时、果断地转化为实际行动。

3）运动员要有敏锐的观察力和高度集中的注意力，这样才能够及时捕捉时机。

4）运动员要有稳定的心理，这样才能把握住时机。

（五）实战中对进攻技术的运用

1）运动员在进攻前的动作预兆要小，要隐蔽真实的进攻意图。

2）运动员所选择的进攻速度要符合动作要求，要掌握对手的动作节奏。

3）运动员要以多意图在变化中迷惑对手。

4）运动员应调节好合适的距离、掌握准确的时机。

5）步法和进攻技术的衔接应协调，做到互相配合。

（六）实战中对转移进攻的运用

1）剑头对准对手剑的护手盘，使对手难以防守到剑。

2）转移动作幅度要小，动作与对手动作的节奏相适应，不让对手碰到自己的剑。

3）转移结束时，运动员要以最快的速度刺向对手暴露的目标。

4）剑头在转移时始终向前，但腕的动作幅度不能过大。

（七）实战中对击打进攻的运用

1）运动员应运用自己剑的后三分之一部分（强部）击打对方剑的前三分之二部分以获得主动权。

2）击打后动作要快速转为进攻。

3）运动员可运用击打破坏对手对武器的控制能力，打乱对手的意图。

4）运动员应将真假击打配合起来加以运用。

（八）实战中对反攻技术的运用

1）反攻属于积极防御的方法，运动员应将注意力集中，应能正确判断对手进攻的方向。

2）运动员要及时发现对手进攻的最大弱点。

3）运动员要通过策略使对手进入自己的引诱圈套。

4）自己的动作时机要比对手好。

（九）实战中对诱导技术的运用

诱导技术是为了达到运用战术的目的,使对手产生错觉的技术动作,是在实战中执行技术意图的重要环节。该技术要求运动员的动作尽量没有预兆,特别是进攻动作,再微小的预兆动作都会暴露自己接下来的行动意图,给战术的运用带来困难,但反之亦可用假的预兆来欺骗对手,使对手产生错误的判断。

（十）实战中抑制对手攻击能力的方法

在比赛中保持防御能力是稳定情绪的重要前提:一旦防御被连续攻破,运动员可能会因失去信心而不考虑时机,盲目采取主动进攻,进而导致失败;防御若能稳住,使对手的攻击难以达成,运动员也能为战术行动做好充分的准备,从而选择恰当的时机实施力所能及的攻击。

1）运动员可以利用距离的变化使对手的进攻受挫。

2）运动员可以利用反攻和防御相结合的技术破坏对手的进攻。

3）运动员可以利用击剑线摆脱与防守还击相结合的技术。

4）运动员要争取主动紧逼对手,以进攻的假象作为掩护进而转化战术。

5）运动员可以以进攻来代替防守。

（十一）实战中如何争夺主动权

1）强制紧逼,以攻为主。

2）超前抑制,积极阻截。

3）主动转换,快速反击。

（十二）实战中如何获取优先裁判权

优先裁判权是运动员通过武器行动获得的。获取优先裁判权的常用手段包括以下几种:

1）运用击剑线与击剑线的变化。

2）率先发动进攻。

3）运用接触武器。

4）采用防守还击。

5）及时反攻。

6）利用摆脱刺。

（十三）实战中完成防守反击需要注意的问题

主、辅战术要密切配合,伪装要逼真,主导战术要明确,比赛中目的性要强。距离感要好,要大胆地进入有效距离内完成战术动作,进入有效距离的目的性要明确。技术动作应到位，要控制好技术与技术之间、战术与战术之间的相互配合。

（十四）实战中常用的 3 种战术变化形势

1）在有实力战胜对手的形势下，要先发制人，多采用紧逼性战术。

2）在无实力战胜对手的形势下，要后发制人，多采用引诱性战术。

3）在两人实力相当的形势下，多采用松动式、对峙式紧逼、反紧逼交替对峙战术。

（十五）实战中心理战术方面的几种考虑

1）麻痹对手，诱惑对手使其产生盲目自信。

2）刺激对手，使对手产生消极、否定的情绪。

3）迷惑对手，使其恐惧不安，让对手对其行动产生疑虑。

4）突袭对手，令对手产生心理混乱。

5）限制对手，迫使对手最终丧失信心。

（十六）积极主动的战略思想

"积极主动"是击剑项目中克敌制胜战略的主导思想，不管是采取先发制人还是后发制人的战术，运动员都应主动争取以控制场上节奏[①]。同时，通过控制对自己有利的距离及制约对手的武器共同作为取胜的要素。了解对方意图是"积极主动"的核心。

（十七）运用击剑线来抑制对方的进攻

击剑线形成后，运动员可以在原地或后退中连续威胁对方有效部位，如果对方没有破坏击剑线，也没有避开击剑线而采取进攻行动并在这个过程中被刺中，击剑线将被判定得 1 分（击剑线含有优先裁判权）。正是因为这样，对方才不敢贸然进攻。对方进攻时遇到击剑线，就会想方设法破坏击剑线的威胁，使其失去优先裁判权。在破坏击剑线之前，进攻者还会出现上步停顿、观察、准备击打等动作。在这种情况下，持击剑线的一方就可以抓住对方这一瞬间的微小变化（动作变化、速度变化、节奏变化），使自己从被动的防御转为主动进攻，从而也抑制了对方的进攻。

（十八）实战中穷追不舍打进攻

对手进攻失败后撤回的期间一般是对手防守最弱的时候，也是己方进攻的时机。如果己方运动员实战姿势保持良好，就应穷追不舍，不要轻易放弃这个有利时机。这就要求进攻者有良好的跟进技术和穷追不舍的坚持精神。但如果己方运动员也没有

---

① 刘悦萍，刘娜娜.浅论击剑运动"快、准、狠、变"的技术风格[J].搏击(体育论坛)，2011.3(8)：70-71.

恢复实战姿势,就不能勉强。

(十九) 实战中在被逼的形势中打进攻

在被逼的形势中打进攻也是一个很好的时机。由于对手在主动组织进攻时,注意力一般都集中在进攻上,相对来讲,这时其防守就是弱的一面,因此,己方运动员抓住对手准备进攻的时机打进攻看起来冒险,实际上是一条可行的进攻战术,有时比用防守更能起到保护自己、攻击对手的作用。

(二十) 实战中围绕成功的战术坚持打

在比赛中,运动员要坚持已经获得成功的战术,要围绕成功的战术打下去。所谓一鼓作气,乘胜追击以扩大战果,也是同样的意思。不能因为对手不变就保持情况依旧,而对手一有变化就主动放弃已成功的战术。反之,对于明显失败的战术,运动员要及时进行变更,防止同一个战术、同样的情况导致同样的失分,更要防止重复甚至多次重复自己的错误。

(二十一) 实战中将计就计

在比赛中犯错误是难免的,及时发现错误并纠正或弥补错误,这是一个运动员必须进行的战术思维活动。聪明的运动员不但能纠正和弥补错误,还能利用自己的错误,将错误当作假象,将错就错,引诱对手犯错误。

(二十二) 正确地看待输赢

要正确看待比赛输赢,如果运动员在这个问题上态度不正确,不能及时总结真正的经验教训,对于偶然"拣"来的胜利沾沾自喜,一旦输了便归咎于客观原因——不是裁判错误,就是剑刺不亮灯,这样看起来自信,实际只是在自欺欺人。正确的态度是:实事求是,在打比赛之前要做争取赢的一切准备,树立争取胜利的信心;若已经输了则要服输,要正确吸取输的教训,为以后争取赢做准备。只有树立好的思想作风和掌握正确的思想方法才能使运动员不断进步,越打越好。

第三节 比赛分析与总结

在击剑赛后进行总结是运动员提升自我、发现不足并制订改进计划的重要环节。以下是进行赛后总结的详细步骤。

一、赛事概述

赛事概述部分应简要介绍比赛的基本情况,如比赛时间、地点、参赛选手和项目等。例如这样进行概述："本次击剑比赛是一场激烈的较量，参赛选手们展现了高超的技艺和出色的战术。"

二、分析技战术

在分析技战术的部分，运动员需要全面评估自己在比赛中执行进攻和防守动作情况，包括对每个击剑动作的到位程度、技术上的不足或失误展开详细的分析。

（一）对进攻动作的评估

1) 对于简单直接的进攻：回顾是否能够在第一时间捕捉到有利时机并迅速发起攻击。

2) 对于复合进攻：评估连续进攻、重新进攻和反攻的连贯性和有效性。

3) 对于动作的准确性与力度：回顾剑尖是否准确刺中目标部位，并确保力量达到预期效果；评估步法的协调性，特别是弓步直刺和向前一步刺等基本动作是否完成到位。

（二）对战术运用的评估

运动员在赛后应分析在不同情况下如何调整战术，例如利用拉开距离来延长进攻时间，从而为自己创造机会。战术运用主要要求运动员能够理解如何在进攻和防守之间进行快速转换。这需要运动员在比赛中能够迅速判断局势，并做出相应的反应。运动员需要根据自身和对手的特点制定出合理的战术，并在比赛中加以灵活运用。运动员可以通过分析对手的弱点、制定比赛策略等来提高自己的战术水平。运动员在赛后应评估是否能够根据对手的动作和意图做出快速反应并及时调整策略。

（三）对防守动作的评估

1) 在对防守技术的掌握方面：回顾是否能够正确利用武器和距离来保护自己，避免被对手击中。评估是否能在对手的剑到达前关闭其进攻路线，是否能够有效进行击打防守、距离防守和身体躲闪防守。

2) 在防守姿势的规范性方面：回顾防守姿势是否到位，例如剑尖是否对准对方有效部位、肘关节是否有外展情况等。评估在后退一步完成防守还击时，是否保持了良好的防守姿势和重心稳定性。

（四）对快速反应能力的评估

在击剑比赛中，快速反应能力是至关重要的，这一能力不仅决定了运动员在比赛中的表现，还影响到运动员的整体竞技水平和战术执行效果[①]。击剑是一项对抗性

---

① 吴超群.击剑运动竞技能力特征研究[J].文体用品与科技，2023(8)：111-113.

极强的运动,要求运动员在极短的时间内做出准确、有效的判断和反应。比赛中战局瞬息万变,运动员必须迅速感知对手的动作和意图,并做出相应的反应。这种快速反应能力不仅是运动员赢得比赛的关键,还能增强运动员的竞争意识和技术控制能力。运动员在赛后应回顾面对对手进攻时,是否能够迅速做出反应并采取有效的防御措施;评估是否具备快速还击的能力,尤其是在近距离接触时直接还击的情况。

三、观看比赛录像

(一)反思自己的发挥

通过在赛后观看比赛录像,运动员可以看到自己的成败得失以及战术和技术上的成功或错误。这可以帮助运动员在更深的层次上理解自己的表现,并找到改进的方向。例如,运动员可以分析自己是否能够根据对手的特点和比赛形势灵活调整战术,如转做主动进攻、保守防守等。此外,运动员还可以观察自己在攻防转换、战术规划和策略应用方面的表现。

(二)回顾自己的决策

通过观看比赛录像,运动员可以在赛后系统地回顾赛场上的每次决策,从而更客观地审视自己的表现。这种自我观察的过程有助于运动员发现一些平时可能没有注意到的问题和策略漏洞,进而可以进行相应的调整和改进。

(三)理解对手的技战术特点

观看比赛录像可以帮助运动员知己知彼,了解对手的运动特点,从而制定出更具针对性的技战术策略[1]。这不仅有助于运动员在未来的比赛中取得胜利,还能提升运动员的战术意识和应变能力。

(四)强化心理素质和自控力

击剑比赛不仅是身体素质的较量,更是智慧和策略的比拼。通过观看比赛录像,运动员可以不断给自己以正向暗示,从而增强自信和决心,在比赛中保持良好的心态。

(五)撰写总结报告

通过观看比赛录像,运动员可以总结在比赛中获得的经验和教训,明确哪些地方做得好、哪些地方需要改进。例如,运动员可以记录下自己在某些关键时刻的表现,

---

[1] 强博文.击剑的战术训练初探[J].当代体育科技,2019,9(7):20;22.

并且思考如何在这些情况下做出更好的决策。运动员可以将上述内容整理成一份详细的总结报告，报告中应包含赛事概述、重要观点和个人心得体会。总结报告不仅是对比赛的回顾，更是对未来训练和比赛的指导与展望。

四、优化训练计划

运动员应根据总结出的问题和不足，制订具体的改进计划。计划应包括针对技术和战术的训练内容，以及如何提高心理素质和与团队的合作能力。运动员可以在总结中发现自身在击剑比赛中的优势和不足之处，例如，在某些情况下可能缺乏足够快速的反应能力或防守姿势不够规范。针对这些发现，运动员可以通过以下方式进行改进：加强基础训练，反复练习基本动作，提高动作的准确性和连贯性；提升心理素质，在比赛中保持冷静，增强心理素质和应变能力。

五、分享与交流

分享能够帮助个人更好地与人交流，建立起互帮互助的人际关系，并促进自身的成长与发展。通过分享知识和经验，运动员不仅可以强化自己对比赛的理解和记忆，还可以从别人的反馈和观点中获得新的见解。此外，分享还可以提高运动员的情商和社交能力，使运动员在人际交往中更加得心应手。交流中的思辨和讨论可以帮助运动员发现自己的不足之处，对知识和思想有更深入的理解，从而使自己更容易进行深入地学习。这种互动不仅有助于个人的成长，还能促进团队合作和信息共享。因此，学会分享和积极地进行交流是每一名运动员都应该努力的方向。

总之，击剑赛后总结是一个系统的过程，运动员需要从多个角度进行深入的分析和反思。通过总结，运动员不仅可以提升技术水平和心理素质，还能为未来的比赛奠定更加坚实的基础。

第四节　击剑竞赛中存在的心理问题与相应的解决策略

击剑比赛要求运动员具备良好的心理素质，这一点在比赛中至关重要。运动员在比赛前或比赛中容易产生焦虑情绪，这种情绪若不加以控制，将严重影响运动员的发挥。因此，心理训练成为击剑运动员日常训练中的重要组成部分，目的是保证运动员在比赛期间情绪稳定、行为正常，从而为运动员获取优异成绩创造先决条件。

心理训练不仅包括对焦虑和紧张情绪的控制，还涉及对注意力集中、自我暗示等多方面技能的培养。例如，在赛前，教师会引导运动员不要过多关注比赛结果，而是将注意力集中在比赛过程中，以避免因担心比赛结果而过度紧张。

一、心理训练方法

（一）表象放松法

表象放松法是一种通过想象来达到放松效果的方法，其关键在于使表象中的环境清晰起来，使人们能够在大脑中生动地看到和体验到这个环境，从而加大情境对运动员的刺激强度。这种方法要求运动员在心理上将自己置于一个通常会让他们感到放松与舒适的环境中，例如海滩、花园或其他任何宁静祥和的地方。

（二）自我暗示放松法

自我暗示放松法是一种通过心理暗示和身体肌肉的逐步放松来达到缓解紧张、消除疲劳效果的方法。该方法通常是由教师指导运动员进行练习，但最终目标是让运动员能够独立完成。在开始时，教师会指导运动员依次放松身体的各个肌肉群，并配合深呼吸进行练习。这种渐进式放松训练强调先使肌肉紧张然后再放松，从而帮助运动员体验并掌握这种感觉。经过几次指导后，运动员可以逐渐独立完成放松过程。为了确保效果，建议运动员在安静、不受干扰的环境中进行练习，以避免外界因素的影响。在练习的初期，运动员可能需要较长时间才能使全身肌肉完全放松，但随着练习的深入，这个过程所需要的时间会逐渐减少。最终，运动员可以在较短时间内通过自我暗示快速达到放松状态。

在练习过程中，运动员可以使用正面的暗示语，如"我能做到"或"我很棒"，来增强自信心和放松效果。录音带也是一个有效的工具，可以在安静的环境中播放，帮助运动员在听觉上接受积极的心理暗示。运动员在每次练习后进行自我评估，逐步改进放松技巧和情感表达方式。建议运动员每天进行一定时间的练习，例如每天练习不超过十分钟，逐步提高效果。具体操作方法是：坐姿或躺姿——找一个舒适且安静的地方坐下或躺下，闭上眼睛，深呼吸三次；紧缩与放松——从右脚开始，依次紧缩并放松身体各部分的肌肉，注意每个部分紧张和放松的感觉，每次紧缩保持 5～10 秒，然后放松 10～15 秒；重复过程——让每个部位重复紧缩和放松的过程，包括手、手臂、头部、颈部、躯干和腿部等。运动员可以通过想象自己处于一个令人放松的情景中（如海滩上）来进一步增强放松效果。

初学者可能需要两到三个月的时间来掌握这种方法。建议每天坚持练习。如果有任何部位感到疼痛，运动员应立即停止练习并跳过这些部位。通过以上步骤，运动员可以有效地利用自我暗示放松法来调节身心状态，提高心理素质和运动表现。

（三）阻断思维法

当运动员由于丧失信念而出现消极思维并引起心理紧张时，可以通过大吼一声或者向自己大喊一声"停止"来阻断消极驱动力的意识流，以积极思维取而代之。教师可以确定一个响亮的信号供运动员用于阻断消极思维。此外，教师还可以帮助运动员确定一个积极且切实可行的活动，用以阻断消极思维。

阻断思维法是一种帮助运动员在比赛中克服消极思维、减缓心理紧张的有效方法，具体包括以下几种做法：

1）大声喊叫：运动员可以通过大吼一声或向自己大喊"我能行""停止"等话语来阻断消极思维。

2）响亮的信号：教师可以为运动员确定一个响亮的信号或明显的手势，作为阻断消极思维的提示。

3）积极替代：在阻断消极思维后，运动员应迅速将注意力转向积极的事情，并用积极且切实可行的活动来替代消极思维。例如，运动员可以用关键词来提示自己应注意的方向，或者通过做一些简单的肢体动作来提醒自己需要替换掉当前的负面想法。此外，教师还可以帮助运动员通过自我暗示和积极的自我对话来增强自信心和应对能力，例如，告诉运动员在内心呐喊"不不"，并用"我将以最佳方式处理好每一剑"的积极思维来替代消极的思维活动。

总之，阻断思维法不仅能够有效地帮助运动员在比赛中控制消极思维，还能通过积极的替代活动提升运动员的整体表现和心理韧性。

（四）音乐调节法

音乐调节法可以有效地帮助运动员在大赛前调节情绪、消除紧张，并对注意力的集中和井然有序地冥想有促进作用。音乐对人的心理和生理都能产生积极的影响。音乐能够激活大脑的不同区域，影响人的情绪、认知和行为。音乐不仅有减压、缓解抑郁、助眠的作用，还能改善记忆力和增强免疫系统。

在击剑比赛前，音乐能起到心理调节的作用。在赛前，运动员由于压力过大，容易产生精神忧郁和情绪低落的情况，听音乐可以有效地调节运动员的心情，帮助其集中注意力。音乐通过给予人以"声波信息"，可以消除大脑所产生的紧张情绪，促使大脑的冥想井然有序。

音乐对于运动员的积极作用具有实验研究支持。有研究表明，音乐放松训练对艺术体操运动员的心理、生理和脑电状态都有积极的影响，为音乐对运动员赛前情绪调整的作用提供了科学依据。而不同类型的音乐其作用也不尽相同，运动员可以根据不同的心情选择合适的音乐帮助自己调节情绪，例如，古典或自然灵感的声音是开始进行冥想练习时的理想选择。

总之，音乐调节法对大脑有诸多方面影响，能够有效地帮助运动员在大赛前调节情绪、消除紧张、提高注意力和冥想效果。这一方法不仅在理论上得到了支持，也在实践中得到了验证和应用。

（五）排尿调节法

排尿调节法可以用于缓解因过分紧张而导致的尿频现象。当人处于紧张状态时，交感神经的兴奋会提升逼尿肌的兴奋性，导致人体全身多处肌肉收缩，其中就包括膀胱平滑肌，从而引起尿频。此外，紧张还可能影响肾脏吸收水分的功能，使尿液生成增多，进一步加剧尿频的症状。在这种情况下，排尿可以作为一种生理和心理上的调节方式，能够帮助人们将不安和紧张情绪通过排尿而排出体外，从而使人感到舒畅。

二、心理干预方法

心理因素与运动损伤的相关性是一个复杂且多层面的问题。研究表明，负面情绪（如焦虑、抑郁、紧张）会增加运动损伤发生的风险。这些负面情绪不仅会导致身体上的不适，还可能使运动员在运动时更加谨慎，从而增加受伤的可能性。一些心理干预方式，如心理咨询、放松训练等，可以帮助运动员管理压力和负面情绪，从而降低运动损伤的发生率。

具体来说，心理干预有以下几种方式：

（一）心理调整与训练

心理调整与训练可以有效地帮助运动员预防运动损伤。在运动员发生运动损伤后的康复过程中施加心理治疗与干预措施，有助于运动员更快地恢复。

（二）正念干预

正念干预能够提升运动员的心理康复效果，主要表现为改善心境、促进流畅体验、提高消极体验的接受性以及提高运动员对目标的行动力[1]。

（三）康复意象训练

运动员可以通过康复意象训练想象受伤的身体部分正在愈合，这不仅可以加快生理恢复的速度，也可以增加自身对身体的控制感，从而赋予运动员以力量，加速康复过程。

（四）心理素质与康复训练

良好的心理素质有助于运动员在受伤后更快地恢复。积极的心态和自信心可以减少因恐惧和焦虑而产生的二次伤害。例如，优秀的运动员在受伤后愿意每周用数

---

① 刘冯铂，张忠秋，邱服冰，等.正念干预改善运动员心理康复效果的系统综述和 Meta 分析[J].中国康复理论与实践，2020，26（12）：1390-1400.

小时进行心理咨询，并用自我激励压制自我挫败心理来促进康复。

综合来看，心理因素在运动损伤的发生、预防和康复过程中起着至关重要的作用。有效的心理干预和对良好心理素质的培养，可以显著降低运动损伤发生的风险，同时也能加速康复过程。因此，在运动训练和管理中，心理健康的维护和干预措施的实施应被加以重视。

（五）培养自我控制与情绪能力

对自我控制能力的培养可以通过多种方式实现，如设立明确的目标和计划、确保良好的时间管理、培养自律和情绪管理能力，以及坚持自我反思和提升。情绪管理的第一步是增强自我觉察能力，了解自己的情绪变化及其触发因素对于有效的情绪管理至关重要。运动员可以通过记录日记、冥想和自我反思等方式来加强对自己情绪的觉察。接纳和表达情绪也是情绪管理的重要组成部分，运动员需要学会接纳和表达情绪，找到适合的渠道来表达自己的情绪，如向关系亲密的人倾诉或者进行艺术创作等。认知重构可以帮助我们转变负面思维，通过重新评估和调整我们对事物的看法和解释，能够改善情绪体验，并培养积极的心态和乐观的情绪。

提升心理自控与情绪能力的方法涉及多个层面，包括认知重塑、情绪调节技巧以及实战应用等。通过综合运用上述方法，运动员可以有效地提升个人的心理素质，从而能够应对生活中的各种挑战和压力。

第五节　击剑运动的体育精神

作为一项历史悠久的竞技性剑术运动，击剑运动传承了骑士精神，强调尊重、勇敢和荣誉。在比赛中，运动员必须遵守严格的礼仪规则，如比赛开始前双方选手互相致意，比赛结束后双方选手要握手等，这些细节都体现了击剑运动对礼仪和风度的重视。除了骑士精神的传承之外，击剑运动还蕴含着丰富的体育精神。它不仅仅是一项体育竞技活动，更是一种精神的锻炼和升华。

击剑运动蕴含着顽强拼搏的精神。击剑运动具有极强的挑战张力，面对高强度的训练、高水平的对手，运动员需要激发出不断超越自我的潜力与动力。通过经年累月的系统训练，运动员培养出超于常人的顽强意志力，这种意志力激励他们在击剑道路上不断进取、追求卓越。在赛场上，运动员勇于接受对手的挑战，展现出拼搏的精神，全力以赴去争取属于他们的胜利荣光。

击剑运动饱含着进取的精神。台上一分钟，台下十年功。要想在击剑的赛场上获得更多胜利，运动员就必须在时间的推移中不断进步，全面提高自己的击剑素质。运动员应通过系统的训练科学地提高击剑竞技能力，还需强化内在心理素质，提升内在的精神品质。击剑运动在刀光剑影中给予运动员以一种进取的肯定，进取的内在精神品格在击剑运动中得到滋养。

击剑运动展现了向上的精神。胜利是击剑运动员们追求的竞技结果,击剑运动中还有运动员对自我极限挑战与突破的追求。通过击剑运动,运动员可以不断挖掘自身的潜力,逐步实现自我超越。这种向上的精神可以让人面向更多潜在的可能性,可以将其迁移至人生的诸多场景中发挥作用,激励人成长。

击剑运动强调团队合作和礼仪规范。"单丝不成线,独木不成林"。良好的运动表现、预期的竞赛成绩,在教练的指导、对手的打磨、团队的帮助下才能更好地实现。此外,赛场上还有执行比赛规则的裁判员、同场竞技的对手,遵守赛事规范、纪律要求以及尊重对手、观众,是一名击剑运动员的基本素养。日常的击剑训练、平时的击剑比赛逐渐培养了运动员的自律意识、责任感和团队合作精神。

可见,击剑运动不仅是一项竞技性强的体育项目,还传承着悠久的骑士精神,更蕴含着顽强拼搏、进取向上、团队合作和礼仪规范等丰富的体育精神。这些精神品质激励着击剑运动员们在赛场上不断追求卓越,同时也为他们的个人成长和未来发展奠定了坚实的基础。这也对当下击剑课程思政的开展有着启示作用,击剑课程应当融入击剑运动中蕴意丰富的体育精神,为中国式现代化建设培养身心俱健的人才。

第六节　中国击剑代表人物及事迹

击剑作为奥运会上的传统项目具有悠久的历史,中国击剑背后更是蕴藏着众多令人瞩目的中国体育故事。讲好中国体育故事,离不开在击剑赛场上奋力拼搏、为国争光的中国击剑运动员的光辉事迹。

一、栾菊杰:亚洲首位击剑奥运冠军

在 1984 年洛杉矶奥运会女子花剑比赛中,面对各国选手激烈的进攻,中国选手栾菊杰稳扎稳打、各个击破,最终夺得金牌。这不仅是中国击剑队的首枚奥运会金牌,也是亚洲运动员首次在奥运会击剑项目中夺冠。面对欧洲运动员的长期垄断格局,栾菊杰的夺冠之路充满艰难险阻,她凭借坚忍的毅力、敢于亮剑的气魄和出色的剑术,为亚洲击剑运动的发展贡献了示范性引领的力量。

二、仲满:北京奥运会男子佩剑个人赛冠军

在 2008 年北京奥运会男子佩剑比赛中,中国选手从未踏足男子佩剑项目前四强的历史性局面终于被打破。中国选手仲满凭借超常的发挥、出色的剑术和稳定的心理素质,连续战胜三名欧洲名将,一路披荆斩棘,最终夺得金牌。这是自 1984 年洛杉矶奥运会以来,中国选手时隔 24 年再次夺得奥运会击剑金牌。仲满的夺冠不仅为中国男子击剑队创造了历史,也为中国击剑运动的发展注入了鲜活的动力。

三、雷声：伦敦奥运会男子花剑个人赛冠军

在 2012 年伦敦奥运会男子花剑决赛中,中国选手雷声在 11:13 比分落后的情况下稳定心态、等待时机,最后连得 4 分逆袭夺冠。这场胜利实现了中国男子花剑奥运金牌"零"的突破,雷声在比赛中展现出的冷静、果断和顽强拼搏的精神,成为中国击剑运动员的典范。

四、孙一文：东京奥运会女子重剑个人赛冠军

在 2020 年东京奥运会女子重剑决赛中,中国选手孙一文以 11:10 的比分险胜罗马尼亚名将波佩斯库,夺得金牌[①]。高手的对决往往仅在一分之间。孙一文的夺冠不仅为中国女子重剑争取到首枚奥运会金牌,也为中国击剑队在东京奥运会上增添了光彩。

五、中国女子重剑团体：伦敦奥运会团体赛冠军

在 2012 年伦敦奥运会女子重剑团体决赛中,由孙玉洁、李娜、许安琪、骆晓娟组成的中国队以 39:25 的绝对优势击败韩国队夺冠。中国女子重剑队团结协作的精神和出色的竞技水平为中国击剑队赢得了首枚奥运团体金牌,实现了女子重剑项目在奥运会上的重要突破。

以上故事不仅是中国击剑运动员个人职业生涯中的辉煌篇章,也是中国击剑运动发展历程中的重要里程碑。这些故事激励着更多的年轻人投身于击剑运动之中,为中国击剑运动的未来发展贡献力量。同时,击剑运动员的运动故事与精神也是击剑课程思政建设的重要内容来源。讲好中国体育故事,落实"立德树人"的根本任务,这些都需要切实挖掘好体育赛事故事与人物背后蕴含的教育内容,并将这些内容转化为精神之钙、人生动力。

问题与思考

1. 主裁判的工作步骤有哪些?
2. "自然型"运动员如何进行准备活动?

---

① 王东.中国军团首日勇夺三金[N].光明日报,2021-07-25(005).

击剑运动术语

击剑运动术语是击剑运动中的基本概念,正确运用这些术语有助于我们学习和掌握击剑知识、理解动作、提高学习效率,起到事半功倍的效果。

一、一般术语

(一)击剑时机感

击剑时机感是击剑运动员专门性运动知觉之一,指的是运动员通过预感和直感,观察和判断对手的战术意图,掌握对手的特点,把握最合适时机实施攻击行动的能力。这种能力既包括对距离、动作的把握,也包括对精神状态的控制。"时机感"还体现在击剑运动员如何在比赛中快速决策和执行具体战术动作上。这要求运动员具备高度的专注力和敏锐的反应能力,能够在比赛中全神贯注地准备捕捉己方所期望得到的时机或是意外突然出现的时机,从而在第一时间做出正确的决策并执行相应的战术动作。

(二)击剑教学训练

击剑教学训练的目的是通过科学系统的训练方法,提高学生的击剑技能和体能水平,并逐步形成和完善击剑教学训练的理论和方法。击剑作为一项技能主导类的格斗对抗性运动项目,具有独特的教学训练特点,例如有更多的个别课教学和双人练习相结合等。

(三)双人练习

双人练习法是在教练员的指导下,由两名运动员互相协调共同完成各种技术对练的方法。这种练习方式是针对击剑竞赛中双人对抗的特点而制定的,能够有效模拟比赛中的实际情况,从而提高运动员的实战能力。

双人练习还是一种连接集体练习与个别课练习的桥梁。在集体训练中,运动员可以通过靶子、镜子等工具进行基本功练习和身体素质训练;而在个别课中,教练员可以根据运动员的具体情况,制订详细的计划和内容来实施练习。双人练习则在这两者之间起到承上启下的作用,既能够帮助运动员加强技术动作的熟练度,又能够为后续的个别课提供实战经验。

（四）特　长

特长在击剑运动中指的是运动员特别擅长的技能与战术经验,这些技能和经验通常包括个人技战术特点和风格。基本技术是击剑中各种行动的基础,良好的全面技术基础经过不同的技术细节精炼升华,在参与者全面掌握击剑各项技术的基础上,根据参与者自身情况以及在教练员的共同努力下,发展创造出高难、新技术,从而形成具有参与者风格特点的特长,使这种特长具有鲜明的个性特征。

（五）绝　招

绝招是指他人难以掌握的技艺,以及一般人想象不到的手段和计策。绝招不仅包括超群卓越、无人能及的技艺,还涉及出乎意料的计谋和手段。绝招也指擅于利用自身的优势诱导对手,造成对手判断失误,从而使得分较其他方法更为稳妥、命中率非常高的手段。绝招不仅是个人或团队在特定领域内经过长期实践和经验积累形成的独特技能和策略,更是个人或团队通过不断探索和创新,结合自身优势而形成的高效、稳定的制胜手段。

（六）动作时间

动作时间是指完成一个动作所需的时间,这一概念在击剑运动中尤为重要。击剑的动作时间不仅包括单个动作的时间,还包括技术动作组合的时间。这些时间的长短受到多种因素的影响,如反应速度、实战姿势的体位、外阻力的大小以及身体各部分的相互配合等因素。击剑的动作时间不仅反映了参与者掌握技术的熟练程度,还体现了参与者身体各部分协调配合的能力与状况。通过综合训练和科学的训练方法,可以有效缩短动作时间,提高击剑运动员的整体表现。

（七）竞技潜力

竞技潜力是指参与者进一步提高其竞技能力的现实可能性,这包括将参与者所获得的技术、体能、战术能力、运动智能和心理能力等隐藏或发挥不完全的能力发挥到极限状态。同时,竞技潜力也指参与者尚未开发的潜在部分,即后期发展的极限。竞技潜力的发挥不仅依赖于参与者当前已有的技术和体能水平,还需要通过系统的训练和实战经验来不断挖掘和提升竞技能力。同时,考虑到个体差异,如遗传效应和不同的发育阶段,制订个性化的训练计划和目标显得尤为重要。

（八）主动权

主动权的获得不仅取决于哪一方先启动进攻,还涉及选手对比赛节奏和形势的控制。具体来说,主动权意味着运动员能够通过连续的进攻和防守动作给对手施加压力,从而减少自身的压力并使比赛按照自己的意图发展。掌握主动权并不意味着必须不断地进行进攻,而是要通过灵活运用各种技巧和战术来保持对比赛的控制,并最终使比赛按照自己的意图发展。这不仅涉及对技术和策略的运用,还需要具备高度集中的注意力和强大的心理素质。

(九) 被　动

被动通常是指受外力推动而动,或受他人的影响或牵制而发生行动,常指不能创造使事情按照自己意图进行的有利局面。然而,在击剑比赛中,被动防守是无益的,总会遭到失败,因此,防守动作应该用来为进攻动作做准备,并在必要时积极地将防守动作与还击和反攻配合起来。在击剑等运动中,进攻与防守的辩证关系以及如何灵活应对对手的防守和反攻,都是运动员判断采取主动或被动的重要因素。

(十) 相　持

击剑交锋中的相持阶段是指双方运动员在比赛中处于相对均衡的攻守态势,此时双方都积极寻找机会,而不是表面上看起来的消极行动。这一阶段是比赛的关键时刻。如果双方的技战术水平接近,比赛往往出现激烈的对抗和拉锯战。

花剑项目中相持现象最为频繁,这要求运动员不仅要有良好的技战术水平,还要有出色的距离控制和脚下移动能力。在相持阶段,运动员的心理状态也至关重要。运动员会通过自我暗示来提振信心和士气,例如默念"再坚持一下,把对方拖垮"或"对方越来越慢了"等暗示性的话。此外,运动员还需要控制自己的心理节奏,避免因紧张或恐惧而影响表现。

(十一) 击剑实战

击剑实战是指两名击剑爱好者在特定的条件下进行的一场友好交锋。这种交锋要求参与者头戴面罩,身着击剑保护服,手持钢剑,在规定的金属剑道上纵向前后移动,围绕着抑制与反抑制的战术展开动作,带着主动自由的意识去支配行动。

在实战中,无论情况如何困难,参与者都应想尽、用尽计谋和行动,击中对手而不被对手击中,最终取得胜利。为了达到这一目标,运动员需要具备良好的体能、灵敏的反应能力、聪慧的大脑和稳定的心理素质。击剑实战不仅是一场身体上的较量,更是一场智慧的比拼。通过不断进行实战训练和积累比赛经验,运动员可以逐步提高自己的技术水平和战术应变能力。

(十二) 有效距离

击剑中的有效距离是指双方参与者在原地或向前一步时能够刺中对手的距离。

在实战中,对有效距离的理解应包括运用步法移动后能够接近对手并进行有效的交锋。有效距离实际上就是参与者对距离的感知能力,参与者确保对交锋时与对手有效距离判断的准确性非常重要,因为对交锋有效距离的判断不足会大大减小交锋中攻防行动成功的几率,而对对手有效距离的判断不足则会大大提高对手攻防行动成功几率。击剑运动员必须具备良好的距离感知能力和灵活的步法技术,才能在实战中有效地控制有效距离,从而提高攻防成功率。

二、专项术语

（一）击刺点

击刺点即用于进行刺的部位——剑尖。根据击剑规则,花剑只能用剑尖进行刺,因此,对击刺点的认识可以理解为将剑尖视为一个点,其作用是用来完成击中对手有效目标,即击剑竞赛的目的。

然而,击刺点处于手臂的延伸点,远离身体,是武器力量最薄弱的环节,也是最难控制的。击刺点是参与者良好剑感的标志,良好的剑感主要体现在能有效地运用手指控制住剑尖,寻找有利于攻击的角度和方法。在实战中,运动员需要通过各种手段来感觉自己的剑是否处于有利位置,并能在各种情况下始终控制自己的剑,以最快的速度、最近的路线击中对手所暴露的部位。因此,尽管击刺点是武器力量最薄弱的环节,但凭借良好的剑感和技巧,运动员可以在比赛中有效地利用这一部位实现得分。

（二）格斗点

在击剑运动中,当两把剑相交时会形成一个接触点,这个点被称为格斗点。按照杠杆原理,要使杠杆平衡,作用在杠杆上的两个力矩(即力与力臂的乘积)必须相等,即:动力×动力臂＝阻力×阻力臂。因此,格斗点越靠近本方剑的护手盘,产生的力量就越强,因为护手盘是靠近身体近端的部位,这样可以利用身体的力量来施加更大的力量。反之,格斗点越靠近对方剑的护手盘,则产生的力量越弱,因为此时对方更容易控制武器并施加力量。格斗点的位置决定了参与者所处的形势,并且通过调整格斗点的位置和利用杠杆原理,参与者可以在花剑交锋过程中获得或失去主动权。

（三）刺　点

刺点也就是目标,选择合适的刺点不仅需要考虑刺点的远近和开放性,还需要运动员结合实际比赛中的具体情况,灵活运用各种技巧来迷惑对手,从而提高比赛中的胜率。首先,选择近距离的刺点可以使击刺点的运行距离缩短,从而有利于出剑的速度。因此,在比赛中寻找近距离的刺点是首选策略。其次,选择远离对方剑身位置的刺点虽然会使自己的击刺点运行距离变长,但同时也会扩大对方的防守面积,这同样有利于出剑得分的效果。实践证明,对方在武器移动后,不可能在少于 0.25 秒的时间内改变原动作方向。因此,运动员需要擅于使用各种娴熟的技术迷惑对手,采用多刺点进行引诱,使对手的武器产生移动,从而在比赛中赢得主动权。

(四)顶　靠

顶靠是运动员利用距离与武器前靠的变化来打乱对手进攻节奏的方法。顶靠是在对手发起进攻的瞬间突然向前,运用距离的变化使对手的进攻受挫,使其因慌乱而忙于应战。顶靠表面看来是被动的行动,实际上却是一种利用距离变化的主动技战术。此外,运动员需要随时控制好身体重心的平衡与变化,以便及时突然地改变向前或向后的距离,使对手不易抓住可进行攻击的机会。

(五)压剑还击

压剑还击是指在防守后,将己方剑身压在对方的剑身上,并通过滑动对方的剑来击中对手的还击动作。这种还击方式的目的是使对手的剑偏离其攻击目标以降低对己方的威胁,并在剑身不脱离对手剑的同时顺势还击,从而避免被对手刺中,同时增大保护自己的安全系数,提高还击命中率。

(六)击剑线

击剑线是花剑技术中的一个专业术语,指的是运动员在比赛中保持持剑手臂伸直,肩、臂、剑成一条直线,并且用剑尖连续威胁对手有效部位的一种姿势。这种姿势不仅属于一种防守技术,还具有优先裁判权的性质,即当对方进攻时,必须先破坏己方的击剑线才能得分。在花剑比赛中,击剑线的形成和对击剑线的维护尤为重要。如果对方没有用剑来敲打己方的剑或打空后直接做出进攻,而己方没有收手臂或没把剑尖偏离威胁范围,此时己方仍然处于击剑线状态。这意味着己方可以继续进行攻击而不失去优先裁判权。然而,当对方的武器接触到己方的剑身,并将剑尖击打偏离己方攻击对方身体有效部位的方向时,优先裁判权即转换到对方。因此,在实际比赛中,运动员需要时刻注意自己的击剑线是否被破坏,并及时调整以保持或重新获得优先裁判权。

(七)格斗线

格斗线是交锋中双方武器接触后,格斗点从形成到完成攻击的运行过程中所形成的线。这条线的运行轨迹对关闭对方线路以及形成角度刺具有重要的作用。格斗线行进过程中的路线以及格斗点的位置变化具有重要意义。在控制格斗点和击剑面进行不脱离对方剑身的攻击时,随着击刺点向目标的推移,两剑的格斗点也随之变化,格斗线亦根据行进路线划出运动轨迹。当这条路径偏离了原本计划的直线攻击方向时,就会形成一个角度,即偏转角。格斗线偏离行进直线越大,偏转角度也就越大，因而在进行格挡刺与滑剑刺时控制格斗线尤其重要。

（八）击剑面

击剑面是指一条击剑线到另一条击剑线的运动轨迹，是由若干条击剑线构成的。击剑面的形状可以是平面或弯曲的面，也可以是弧线或圆周。击剑面运行轨迹决定交锋所封闭的区域大小与方向。

击剑面分为进攻击剑面和防守击剑面两种。进攻击剑面是进行攻击时，武器在向前行进的移动中所形成的轨迹。这个面可以是接触对方武器而形成的，也可以是脱离对方武器而形成的，具体取决于参与者的战术。例如，在进攻动作中，运动员会通过简单的攻击、连续进攻、重新进攻和反攻等方式来形成不同的进攻击剑面。防守击剑面则是针对进攻者来剑的方向与目标而确立的防守面的轨迹方向和大小。在防守动作中，运动员可能会采用简单直接的防守或画圆防守等方法来应对进攻者的攻击，例如，防守抵挡开对方的剑后，在防守线上直接还击或接触对方剑身还击是最常用的基本还击方法。

（九）击剑时间

击剑时间是指完成一个简单动作所需要的时间，这一概念在击剑比赛中至关重要。击剑行动往往由一组动作或多个组合动作构成，每一个简单动作和组合动作所用的时间各不相同，这是根据不同的战术需求而确定的，而动作与动作之间则形成了节奏快慢的时间变化。

在实际比赛中，运动员需要通过观察对手、思维判断、选择策略以及运用各种真假动作来完成比赛，并且每个选手独特的节奏习惯也会影响比赛结果。因此，掌握和控制击剑时间不仅关系到训练和比赛是否符合规则，还关系到裁判员分析运动员交锋过程的准确性。花剑比赛讲究优先裁判权，即先攻击而击中者得分。为了判断优先裁判权，裁判员会考虑动作的正确性、动作是否在"击剑时间"内完成等因素。因此，合理运用击剑时间对于花剑运动员来说非常重要，这直接影响到出剑的速度和准确性。

（十）挑　引

挑引是一种重要的战术手段，其核心在于通过各种行动吸引对手的注意力，从而干扰对方的思维与判断。挑引在击剑比赛中是一种复杂而精细的战术手段，这种战术手段不仅需要选手具备高超的技术和灵活的应变能力，还需要选手具有良好的心理素质和丰富的实战经验。通过有效的挑引，选手可以隐藏自己的战术目的，实现自己的行动意图，从而在比赛中占据优势。

（十一）优先裁判权

优先裁判权是击剑运动中的一个关键概念，在花剑比赛中尤为重要。优先裁判权在花剑比赛中的判定不仅取决于最初的进攻动作，还涉及防守还击和电子裁判器的辅助判断。运动员需要在技术、战术和心理层面全面掌握这一原则，才能在比赛中占据主动。

进攻与优先裁判权：进攻必须首先伸出手臂，并且剑尖连续威胁对方的有效部位所做出的最初攻击动作，这样的动作可以获得优先裁判权。花剑比赛讲究击中优先权，即先发动攻击并击中者得分。

防守还击与优先裁判权：被攻击者在被击中后，必须先做出有效的抵挡动作（包括武器防守或距离防守），然后才能进行反击以重新获得优先裁判权。防守还击可以通过不同的武器动作进行有效阻止、距离变化、身体姿态闪躲等防御性动作以从进攻者手里夺取优先裁判权，然后再进行防守后的攻击性动作。

（十二）摆　脱

摆脱是指在击剑比赛中，通过运用剑尖的变向来避开对手的武器控制，从而获得主动权或变被动为主动。在击剑比赛中，双方的武器会频繁接触，控制和反控制是比赛中的关键行为。当对方有目的地主动接触己方的剑时，己方需要利用剑尖的变向来摆脱对手的武器控制，这样可以在武器交锋过程中保持主动。

为了有效地进行摆脱，运动员需要具有足够的力量且掌握十足的技巧来控制自己的剑，并且在高速运动中应对惯性作用、剑身反弹和剑尖摆动等情况。此外，掌握正确的步法和对武器的控制也是至关重要的。通过反复练习，提高手眼协调能力和快速爆发力，运动员可以更好地应对比赛中的各种情况。

（十三）对抗反攻

对抗反攻是击剑运动中的一种重要技术，其主要目的是在对手发动进攻的同时，通过一系列动作来终止对方的进攻。具体来说，对抗反攻是在对手攻击时，采取封闭对方进攻路线并终止其进攻的攻击性行动。

对抗反攻不仅是一种防御性的动作，还融合了进攻的元素。当对手开始进攻时，选手需要迅速做出反应，利用护手盘和剑身来控制对手的剑偏离自己的有效部位，并且要先于对手击中目标。这种技术要求选手具有极高的反应速度和精确的剑法控制能力。

（十四）诡变技术

击剑中的诡变技术是一种在实战中通过伪装和误导对手以达到隐蔽自身真实意图并出奇制胜的战术手段。这种战术的核心在于利用假动作来诱导对手，从而使对手产生错误判断并暴露弱点,最终抓住时机击中对手的有效部位,并取得胜利。在实战中,只有将自己的真实行动和意图伪装起来,挑引才能成功,才能出奇制胜。这不仅需要满足眼到、心到和手到的"三到"原则,还需要对对手的每一个动作所能产生的反应情形有准确的把握。击剑中的诡变技术是一种高度复杂且有效的战术手段,这种战术通过对心理误导、灵活运用、观察与判断等多方面的综合运用,使对手在思想上和动作上陷入误区,最终达到战胜对手的目的。

(十五) 闪　躲

击剑中的闪躲动作是指通过身体姿势的变化或位置的移动来避开对手的攻击。这种防守方式属于体位防守,即利用身体位置的变化,包括向外侧、向下蹲、向内侧等方向移动,从而避开对手的剑进攻指向的有效部位。

击剑中的闪躲动作并非简单的躲避,而是一种综合性的技术,这一技术要求运动员具有快速平衡调整的身体能力、灵活的步法以及良好的时机判断能力。通过这些技巧,运动员可以在避免受伤的同时寻找反攻的机会,从而在比赛中占据优势。

(十六) 交　锋

击剑参与者在比赛中所进行的武器对抗被称为交锋。纵观击剑的整个竞技过程不难发现,击剑实际上就是建立在无数次武器对抗的基础之上,并在这一基础上产生攻防相互快速转换。人们常说的击剑中的激烈对抗实际上指的就是交锋的激烈程度。

(十七) 领　剑

领剑是一种源自陪练的击剑教学手段,已有几百年甚至上千年的历史。该手段不仅是一种肢体语言,还根据参与者水平的不同而采取不同的方法并起到不同的作用。领剑的作用主要是纠正参与者的错误动作和矫正剑的运行路线。教练通过示范和技术指导,帮助参与者逐步进入正式的教学内容并完成相应的技术动作。领剑作为一种特殊的击剑教学手段,通过教师的示范、语言引导和重复讲解等方式,帮助参与者逐步掌握正确的技术动作,并在个别课的初始阶段起到重要的纠正作用。

(十八) 紧　逼

紧逼是指强制性逼近对手。通过主动逼近对手,制造压迫感和威慑性的错觉,从而控制比赛节奏并给对手带来心理压力。这种策略要求运动员不仅要具备良好的身体素质和技术水平,还需要有灵活的战术思维和反应能力。这种策略旨在通过不断接近对手,限制其活动空间,破坏其有组织的战术配合。通过有效的紧逼,运动员可以在比赛中占据主动,最终取得胜利。

(十九) 基本功

基本功是指击剑运动基本技能与体能水平。从击剑的角度来看,基本功不仅涉及技术动作的规范性和熟练度,还包含对速度、力量、耐力等多方面身体素质的要求。例如,击剑运动员需要具备协调性、爆发力和敏捷的反应能力,这些都属于基本功的一部分。此外,体能训练与专项结合是提高基本功的重要手段,通过逐步增加训练难度,使运动员的基本功和一般身体素质得到发展。

(二十) 假进攻

在击剑运动中,假进攻是一种重要的战术手段。该战术的核心思想是通过假装做出攻击准备与行动来欺骗对手,从而迫使对手做出错误的判断并采取决定性的防守动作,最终使对手被进攻者的真实行动击中。假进攻不仅涉及身体上的动作,还涉及心理上的策略。通过假动作,进攻者可以令对手误以为攻方要攻击某个部位,从而导致对手重心偏移或防御松懈,为真正的进攻创造机会。成功的假进攻需要攻方能够有效隐藏自己的真实意图和行动规律,使对手无法准确判断攻方下一步的真正目标。这要求攻方具备高超的技巧和灵活的应变能力。

(二十一) 滑剑刺

滑剑刺是一种将格挡防守与不脱离对手剑的还击动作融为一体的动作方法。这种动作方法是压剑刺的一种表现形式,是利用格斗点来控制对手剑身的弱部,关闭对手威胁己方剑的路线,并采用不脱离对方武器而刺击对手有效部位的方法。在执行滑剑刺时,手臂需要充分伸直,并用剑身贴着对手的剑滑动,剑尖刺向有效部位,同时保持剑身与对手剑的接触。

(二十二) 近　战

击剑中的近战是在前一个攻防交锋中双方均没有击中对方,并且双方没有出现身体超越,裁判没有叫停的情况下进行的。近战的关键是处理好自己是否处于有利的位置,身体的位置是否利于抽出剑身,再以快速准确的行动刺向对方暴露的部位。同时,在自己处于不利位置的情况下,也可利用身体站位、挤压、贴靠等使对方难以将剑抽出,或尽快使身体超越对方,避开对手的有利时机与角度,以获得暂时的安全。击剑近战不仅需要技术上的精准和对力量的控制,还需要战术上的灵活应变和对身体的合理运用。通过反复训练和对实战经验的积累,运动员可以提高自己的近战能力,从而在比赛中取得更好的成绩。

(二十三) 半路拦截

击剑中的截击是一种在对手的进攻线上做出快速反攻击的战术。这种战术不仅能够打乱对手的原有部署,还能抑制和干扰对手的攻击,并扰乱对手的思路。半路拦截(Stop - thrust)是截击的一种形式,是通过在对手的攻击过程中迅速采取行动而阻止或改变对手的攻击方向。这种方法要求防守者反应速度极快且动作准确,能够在对方的攻击尚未完成时进行有效的截击。

半路拦截还涉及对距离的控制和对时机的把握。当双方距离较近且直接还击容易被防守住时,可以在防守后稍作停顿,然后利用对手暴露的部位采取转移刺的动作进行攻击。这种策略需要运动员具备良好的应变能力和训练有素的步法技巧。

总之,击剑中的截击是一种高效的反击手段,该战术通过在对手的进攻过程中迅速采取行动来打断对手的攻击,从而达到控制比赛节奏和主动权的目的。

(二十四) 强　攻

向对手进行强制性攻击的行动被称为强攻。强攻是一种强制行为,是为了攻克对手的防守堡垒而采取的进攻行动。强攻的核心思想是通过快速接近对手来破坏对手的攻防节奏,从而给对手在心理上造成巨大压力。有时选择强攻能压制对手的进攻能力,造成以攻对攻的态势,迫使对手打防守。但无论是选择什么样的攻防手段,无论是以长对长或是以短对短,关键是要做到以己之长攻彼之短,哪怕是比赛中短暂的"长"。

(二十五) 击　打

击剑运动中的击打是一种通过运用自己剑的强部敲打对手剑的弱部以强制性破坏对手持剑稳定性的方法。在实战中,剑尖所处的位置远离身体,剑身靠近剑头的前三分之一被称为弱部,是武器力量最薄弱的环节,也是参与者最难控制的部分;而剑身的后三分之一被称为强部,在击打过程中,接触点越靠近本方剑的护手盘,产生的力量越强。当选手进攻击打在对手剑的弱部,即剑身的上方三分之一部位时,该击打进攻属正确执行且保持其优先权;如击打在对手剑的强部,即剑身的下方三分之一部位时,该击打进攻属错误执行且对手得到了及时还击的优先权。

此外,在实战中,主动击打不仅是进攻手段,也是防守的重要策略之一。通过压制对手的进攻气焰,可以有效地破坏对手持剑的稳定性,从而获得优先裁判权。因此,掌握正确的击打位置和力度对于提高击剑技术和比赛成绩至关重要。

(二十六) 格　挡

格挡是一种防御技术,主要用于在对手的攻击即将完成时,利用己方剑身的强部和护手盘进行推压,从而阻止对手的进攻。与击打不同,格挡依靠的是推力和压力,而不是直接的力量冲击。

具体来说,格挡技术的优点在于能够有效地控制对手的武器,使对手在防守后不会因为剑的作用力而脱离己方的控制范围。同时,这种技术也使得使用者能够更好地掌握自己的武器,从而在接下来的战斗中占据主动。格挡不仅是一种有效的防御手段,还能够在一定程度上帮助使用者在战斗中保持对武器的控制和对敌人的压迫感。

(二十七)武器防守

武器防守是击剑运动中的一种重要防守形式,其主要目的是在使用剑来阻隔或防御对手的同时结合体位防守、距离防守等多种方法,以实现多方位立体防守。在采取武器防守时,要注意利用己方剑靠近护手盘的剑身三分之一部位(即剑的强部)去防对手剑的弱部。这种防守方法不仅要求在对手的剑到达前及时关闭对手进攻的路线,还要注意保持双方之间合适的距离,以确保防守的有效性。

武器防守还包括击打防守和格挡防守等具体防守技术。击打防守是用剑直接击打对方的剑,从而打开对方的进攻路线。格挡防守则是用护手盘和剑根控制对方的攻击弱点,然后用剑身贴着对方的剑进行还击。

武器防守在击剑运动中起着至关重要的作用,通过合理地运用各种防守技巧与距离防守、体位防守等进行有机配合,可以有效地保护自己,避免被对手击中。

(二十八)还击技术

还击技术是指在防守成功之后立即向对手有效部位进行攻击并击中得分的技术方法。这种技术建立在防守成功的前提下,只有掌握好还击技术,才能在实战中合理有效地选择还击技术,从而达到刺中对手、实现后发制人的目的。还击是防守后的攻击动作,分为简单还击和复杂还击。简单还击又分为直接还击和间接还击。直接还击是最常用且最基本的还击方法,由于双方处于近距离,直接还击速度快、技术简单。

要掌握还击技术,运动员不仅要具备快速反应和准确判断的能力,还需要通过系统的训练和实战经验的积累以提高其应用效果。掌握并合理运用还击技术,有利于运动员在比赛中占据主动,实现后发制人的战略目标。

(二十九)转移还击

转移还击是一种在完成防守动作后,通过观察和感知分析对手的防守方向,选择对方暴露部位进行攻击的技术。具体步骤如下:

1) 观察与分析:在完成防守动作后,首先要迅速观察和感知对手的反防守方向,判断对手可能的进攻路线。

2) 选择时机:如果直接还击容易被对手防住,可以在防守后稍作停顿,然后选择合适的时机进行攻击。

3) 转移动作:在进行转移还击时,应保持己方的剑与对手的剑平行,并用最小的幅度、走最短的路线进行转移。根据距离的不同,可以采用转移刺或转移劈的方式进行攻击。

4) 避开防守:在转移过程中,要巧妙地绕过对手的剑身,避开其反防守,选择对方暴露的部位进行攻击。

5）实施攻击：在找到合适的时机和位置后，迅速用剑尖进行刺的动作，击中对手的暴露部位。

通过以上步骤，不仅能够有效避开对手的反防守，还能选择最佳的攻击点，达到还击的目的。

（三十）反还击

反还击是一种在对手进行防守还击后立即采取的攻击性动作，其目的是在保持防守的同时迅速转换为进攻，从而有效突破对手的防御并抑制其还击能力。掌握反还击技术对运动员进攻技术稳定性的要求较高，主要体现在以下几个方面：

1）第一次进攻后的身体稳定状态：在完成第一次进攻后，运动员需要迅速将身体调整到一个稳定的防守姿势，并在此基础上做出反应。这要求运动员具备良好的身体协调性和平衡能力。

2）进攻转换为防守的速度：从进攻到防守的转换速度是决定反还击成功与否的关键因素之一。在现代击剑比赛中，快速的攻防转换已经成为一种普遍现象，因此，运动员必须具备极快的反应能力和灵活的步法技巧。

3）反防守与还击的距离控制：在进行反还击时，运动员需要准确判断与对手之间的距离，并在合适的距离内进行攻击。这不仅要求运动员具有敏锐的观察力，运动员还需要通过大量的实战练习来提高对距离的感知和控制能力。

4）应变能力：在比赛中，运动员常常会遇到各种突发情况，因此，运动员需要具备较强的应变能力，能够根据对手的动作和自己的位置及时做出调整，予以应对。

反还击不仅是对运动员个人技术的考验，更是运动员整体战术意识和心理素质的综合体现。只有在准备充分和实战经验充足的基础上，运动员才能有效地运用反还击技术，从而在比赛中占据主动，最终取得胜利。

（三十一）两次转移还击

两次转移还击是一种复杂的防守还击技术，主要用于应对进攻后反防守还击速度快、反还击能力强的对手。运动员应根据实战情况防止对方的进攻，确保不被击中。第一次虚晃还击：在防守动作结束后，迅速进行第一次虚晃还击，使对手做出反还击动作。第二次转移还击：在对手做出反还击动作后，迅速接连做第二次转移还击，击中对手。该技术的关键在于利用节奏与转移的变化有效突破对手的防守。具体来说，应在对手进攻后立即回收，当双方距离拉开时，防守者应先稍向前伸臂引起对手的防守反应，然后立即采取转移刺，攻击对手暴露的部位。这种方法不仅能够有效地反击对手，还能在实战中发挥重要作用。

击剑大事记

1474 年,西班牙的两名教练编写了第一本击剑教材。

1536 年,意大利人阿奇列·马罗佐撰写了《击剑原理》。

1553 年意大利人阿格里马、1606 年意大利人吉冈蒂分别撰写了《击剑论》。

1573 年法国人亨利·德·圣-迪迪埃、1628 年法国人吉拉德·蒂博两人分别写出击剑理论专著。

1588—1608 年的 20 年中,在巴黎就有 8 000 名绅士死于决斗。

1610 年,经意大利人再次建议,击剑比赛中短剑和披风的使用才被取消。

1776 年,法国著名击剑大师拉·布瓦西埃用金属丝制成面罩。

1882 年,法国成立了世界上第一个击剑协会。

1893 年,美国业余击剑协会成立。

1896 年,第一届现代奥运会在雅典举办,击剑作为正式项目出现在竞赛中。

1900 年,第二届奥运会增加了男子重剑个人比赛。

1912 年,第五届奥运会出现争议,意大利队因为赛事对重剑长度没有统一规定而拒绝参赛。

1913 年,巴黎成立"国际击剑联合会",重剑比赛开始使用电动裁判器。

1919 年,第一本《击剑竞赛规则》出版。

1924 年,第八届奥运会增加了女子花剑个人比赛。

1944 年,当时在北京大学任教的贾玉瑞老师利用业余时间教学生击剑,这是我国最早传习击剑运动的开端。

1953 年,在第一届全国民族形式体育表演及竞赛大会上,已调任北京师范大学的贾玉瑞老师带领学生王守纲、兴连立、倪珍珠等进行了击剑表演。

1955 年,花剑比赛开始使用电动裁判器。

1973 年,中国击剑协会成立。

1974 年,中国加入国际剑联。

1978 年,在第二十九届世界青年锦标赛上,中国青年击剑新星栾菊杰获得女子花剑个人亚军。作家理由撰写《扬眉剑出鞘》一文,记录了栾菊杰此次英勇事迹。

1984 年,在洛杉矶奥运会上,栾菊杰获得女子花剑个人金牌。中国成立第一支有正式编制的国家击剑队。

1985 年,中国国家击剑队进驻老山。

1989年,佩剑比赛开始采用电动裁判器,同时女子重剑被列入击剑世界锦标赛项目。

1992年,在巴塞罗那奥运会上,中国运动员王会凤获得女子花剑个人银牌。

1992—1996年,《击剑理论与方法》《击剑教学训练大纲》《击剑》三本理论书籍于中国出版,结束了我国长期无统一理论教材的局面。

1997年12月1日,中国击剑协会地址迁移至老山。

1998年,中国第一次举办国际剑联男子花剑世界杯赛。

1999年,中国第一家民营击剑俱乐部——奋星击剑俱乐部成立。

2000年,在悉尼奥运会上,中国男子花剑"三剑客"——王海滨、叶冲与董兆致合力夺得男子花剑团体银牌。

2002年,在里斯本进行的世界击剑锦标赛上,中国运动员谭雪获得女子佩剑个人金牌。

2006年,在意大利都灵举行的世界击剑锦标赛上,中国女子重剑团体夺得金牌,中国选手王磊获得男子重剑个人金牌。

2006年,中国击剑队第一次聘请外籍教练,法国教练克里斯蒂安·鲍埃尔执教中国男女佩剑队。

2009年,中国业余击剑联赛制诞生。

2010年,在法国巴黎举行的世界击剑锦标赛上,中国代表队夺得男子花剑团体冠军。

2011年,在意大利卡塔尼亚举行的世界击剑锦标赛上,中国代表队夺得男子花剑团体冠军,中国击剑选手李娜获得女子重剑个人冠军。

2012年,在伦敦奥运会上,中国女子重剑团体夺得冠军,中国选手雷声斩获男子花剑个人金牌。

2016年,在里约奥运会上,中国选手孙一文获得女子重剑个人季军,由许安琪、孙玉洁、孙一文、郝佳露组成的中国女子重剑团体夺得亚军。

2017年,"中国业余击剑联赛"正式更名为"中国击剑俱乐部联赛"。

2020年,在东京奥运会上,中国击剑选手孙一文夺得女子重剑个人冠军。

参考文献

[1] 国家体委击剑编写组.击剑[M].北京:人民体育出版社,1996:1-2.

[2] 车通,司文召.剑的材质演变研究[J].武术研究,2021,6(9):63-65.

[3] 郭瑜华.中国古代的击剑运动[J].艺术品鉴,2021(25):48-49.

[4] 刘鹏.吴越地区青铜剑史话[J].内蒙古农业大学学报(社会科学版),2012,14(1):315-316.

[5] 严波涛.全运会运动项目文化研究[M].西安:陕西人民出版社,2021:172.

[6] LECKÜCHNER H. The art of swordsmanship [M]. FORGENG J L, trans. Woodbridge: Boyell & Brewer, 2015.

[7] 林勇,张自勉.奥运的军事渊源[J].现代兵器,2008(7):35-46.

[8] 龚明俊,王伟.13—18世纪西欧兵击运动演变历程研究[J].成都体育学院学报,2024,50(1):160-168.

[9] 李玉兰,杨茜.试析欧洲现代体育特征[J].体育文化导刊,2015(12):29-32;57.

[10] 冯香红,杨建营.中华剑艺与欧洲击剑、日本剑道的现代转型史对比研究[J].成都体育学院学报,2023,49(1):111-118.

[11] 李秀水.漫话世界击剑运动[J].体育文史,1989(1):78.

[12] 文国刚口述,润身编著.文国刚传[M].北京:经济日报出版社,2019:20-21.

[13] 乔敏,王昶.少儿击剑教学中意外伤害预防研究[J].当代体育科技,2019,9(6):11;13.

[14] 赵传杰,张辉.击剑运动项目技战术特征的理论研究[J].南京体育学院学报(社会科学版),2009,23(3):116-119.

[15] 孟兆华,刘建军.浅析击剑运动员在比赛中把握"时机"的能力[J].辽宁体育科技,2017,39(6):126-128.

[16] 胡海旭,王中迪,金成平,等.精英击剑运动员竞技能力特征及训练策略——基于系统综述与验证性实践的整合[J].体育学研究,2024,38(2):12-27.

[17] DEFREITAS R. Do deceptive and disguised movement behaviours exist in actual soccer match play and does their use indicate elite performance? [J]. international journal of performance analysis in sport,2015,15(3):1047-1064.

[18] 刘大庆,张莉清,周爱国,等.我国潜优势项目特点及制胜规律的研究[J].北京体育大学学报,2012,35(11):107-114.

[19] 汤翠翠.击剑的专项心理特征及心理调控方法综述[J].四川体育科学,2009(4):42-46.

[20] 陈熙.西欧骑士教育与中国武举教育比较研究[J].陕西学前师范学院学报,2016,32(11):144-148.

[21] 姜媛,张力为,毛志雄.体育锻炼与心理健康:情绪调节自我效能感与情绪调节策略的作用[J].心理与行为研究,2018,16(4):570-576.

[22] 王雁,王海滨.击剑制胜因素研究[J].北京体育大学学报,2013,36(9):125-128.

[23] 林永升.高等学校击剑教学法[M].北京:人民体育出版社,1996:11.

[24] 林永升.高等学校击剑教学法[M].北京:人民体育出版社,1996:12.

[25] 林永升.高等学校击剑教学法[M].北京:人民体育出版社,1996:13.

[26] 林永升.高等学校击剑教学法[M].北京:人民体育出版社,1996:14.

[27] 林永升.高等学校击剑教学法[M].北京:人民体育出版社,1996:15.

[28] 林永升.高等学校击剑教学法[M].北京:人民体育出版社,1996:34.

[29] 褚伟.击剑裁判器参数修改后对花剑运动员攻防对抗能力的影响[J].南京体育学院学报(自然科学版),2006(4):51-55.

[30] 刘娜娜.击剑运动力量训练与基本技术的结合及运用[J].武术研究,2024,9(12):137-140.

[31] 马文波,马文娟.对攻技术在佩剑比赛中的特点及运用[J].辽宁体育科技,2016,38(3):122-124.

[32] 王海滨.中国击剑队备战第29届奥运会的训练研究[J].中国体育科技,2006(4):3-6.

[33] 熊焰.教练员临场指导特征解析[J].中国体育教练员,2016,24(1):6-9;13.

[34] 冯健.体育游戏与高校体育教学[J].河北体育学院学报,2001(2):52-53;79.

[35] 马权,裴蕾.重剑冲刺技术训练方法的探讨[J].辽宁体育科技,2015,37(5):112-114.

[36] 高翔.提高击剑运动员心理素质训练方法[J].统计与管理,2014(5):165-166.

[37] 倪俊.击剑运动员体能特征及训练方法分析[J].当代体育科技,2024,14(11):25-28.

[38] 杨波,王强.技心能主导类项目心理训练的方法及生理机制研究[J].南京体育学院学报,2018,1(12):68-74.

[39] 杜长亮.竞技能力网络结构特征的实证演绎——以女子重剑项目为例[J].体育科学,2013,33(2):47-60.

[40] 张学工.青少年击剑运动员体能训练方法研究[J].武术研究,2024,9(8):96-98.

[41] 吴花.体能训练中发展力量素质的依据和方法[J].江西金融职工大学学报,

2006,(S2):311-312.

[42] 王银晖.人体运动链理论溯源及对功能性训练的启示[J].成都体育学院学报,2017,43(2):60-66.

[43] 王一郎.击剑运动员体能训练方法探索[J].黑龙江科学,2016,7(10):104-105.

[44] 武正罡.击剑运动员力量素质训练方法研究[J].广东职业技术教育与研究,2016(5):16-19.

[45] 彭敏.中国男子花剑队备战2012伦敦奥运灵敏与快速力量训练方法研究[M].北京:北京体育大学出版社,2021:107.

[46] 俞继英.奥林匹克击剑[M].北京:人民体育出版社,2001:145.

[47] 张力为.中国奥运冠军经典案例心理分析[M].北京:人民体育出版社,2021:23-24.

[48] 刘悦萍,刘娜娜.浅论击剑运动"快、准、狠、变"的技术风格[J].搏击(体育论坛),2011,3(8):70-71.

[49] 吴超群.击剑运动竞技能力特征研究[J].文体用品与科技,2023(8):111-113.

[50] 强博文.击剑的战术训练初探[J].当代体育科技,2019,9(7):20;22.

[51] 刘冯铂,张忠秋,邱服冰,等.正念干预改善运动员心理康复效果的系统综述和Meta分析[J].中国康复理论与实践,2020,26(12):1390-1400.

[52] 王东.中国军团首日勇夺三金[N].光明日报,2021-07-25(005).

后　记

在击剑的道路上,我从懵懂的少年走来,怀揣着对击剑的热爱与憧憬,一步步成长为在讲台上传播击剑运动的教育者。这一路充满了挑战、荣耀、成长与感悟。如今,看着学生们在赛场上挥剑争雄,斩获奖牌,我的内心充满欣慰与自豪。

在长期的教学实践中,我一直有一个梦想,那就是编写一本属于普通大学生的击剑教材,这个想法随着时间的推移愈发强烈。我希望这本教材能够集专业性、大众性、文化性和教学性于一身,既能满足广大击剑爱好者的健身需求,又能为普通高校的击剑教师、教练员提供一套完整的教学体系。于是,在繁忙的教学工作之余,我开始着手构思和撰写这本教材。在写作过程中,我注重理论与实践相结合,力求让内容通俗易懂又不失专业深度。在专业性上,我融入了多年来积累的教学经验和训练方法,详细解析了击剑的技术动作和战术运用,力求让读者能够系统地学习和掌握击剑的核心要点。同时,我也深入研究了击剑运动的力学原理和人体运动学原理,为书中的技术讲解提供了坚实的理论基础。在大众性上,我充分考虑了普通大学生的身体条件和学习需求,将击剑运动与健身理念相结合,设计了适合他们的训练计划和练习方法,力求让击剑这一体育项目不再局限于专业运动员的范畴,而是能够走进更多普通人的生活,成为他们强身健体、陶冶情操的一种方式。在文化性上,我追溯了击剑运动的历史渊源,从古代剑术的起源到现代击剑运动的形成,展现了击剑所蕴含的深厚文化底蕴。通过讲述击剑在不同历史时期的发展脉络,让读者能够领略到这一古老运动的独特魅力和历史价值。在教学性上,我依据现代教育教学理念,精心设计了教学大纲和教学进度,提供了多样化的教学方法和考核方式。旨在帮助教练员们更好地开展击剑教学工作,提高教学质量,激发学生的学习兴趣和积极性。我相信,一本好的教材不应仅仅是知识的堆砌,更应注重读者的学习体验和实际应用效果。

在教材的编写过程中,我也遇到了诸多困难和挑战。有时为了一个技术动作的精准表述,我反复推敲、修改,力求让读者能够清晰明了地理解;有时为了确保某个战术的准确性,我查阅大量资料,与同行专家交流探讨。每当看到教材中的内容逐渐丰富和完善,所有的努力都显得无比值得。在这个过程中,我也得到了许多人的帮助和支持,在此我要特别感谢北京体育大学的毛伯瑜、陶金汉、桂平、杨伟军等老师;感谢北京航空航天大学教务部"校级十四五规划教材"项目的支持,让我有机会把击剑教材出版的梦想变成现实;感谢本教材的编辑团队,他们以专业的态度和精湛的业务水平,在文字编辑、排版设计等方面付出了大量心血,从最初的稿件编校到最终的版面呈现,每一个环节都凝聚着编辑团队的智慧和汗水,他们的严谨和敬业,让这本教材的质量得到极大提升。

如今,这本教材即将与读者见面,它凝聚了我的教学心血和对击剑运动的无限热爱。我知道,它并不完美,或许在某些地方还存在不足和瑕疵。但我希望它能够成为击剑爱好者们手中的一盏"小桔灯",照亮他们学习和探索击剑的道路,也希望它能够为击剑教学的普及和发展贡献一份力量。

自 2007 年开设击剑课程以来,体育部历任领导包括刘国庆、张振刚、苏睿、王喜忠等都给予了大力的支持,从最初的击剑课程开设,到后来的击剑社团、击剑运动队的组建,以及击剑俱乐部化教学研究项目的开展,都体现了学校体育部对击剑运动的重视。在未来的日子里,我依然会坚守在击剑教学的第一线,不断探索创新,努力提升自己的教学水平。我也期待着与各位同仁在击剑教育的道路上继续携手前行,共同为培养更多优秀的击剑人才而努力奋斗。如果您在阅读这本教材或在教学实践中有任何疑问、建议或想法,请不吝赐教。您的每一次批评和指导,都将是我在击剑教育事业上不断前进的动力源泉。

愿我们都能在击剑的世界里,继续书写属于自己的精彩篇章,传承这一古老而又充满活力的运动,让更多的人感受到击剑的魅力与乐趣。

张 洋

2025 年 2 月